緊急事態と憲法

新型コロナウイルス
緊急事態の体験を経て

右崎正博・大江京子・永山茂樹　著
Masahiro Usaki　Kyoko Oe　Shigeki Nagayama

学習の友社

まえがき

新型コロナウイルス感染症の拡大に伴い二〇二〇年四月七日に新型インフルエンザ等対策特別措置法（特措法）に基づき「緊急事態宣言」が発せられ、市民に対しては「外出の自粛」、事業者に対しては「営業の自粛」が呼び掛けられ、「自粛要請」に従わない店舗や市民を指弾するような風潮も生じ、「自粛警察」という新たな造語も生まれるなど、市民の生活には事実上の「規制」と「強制」が広く及びました。

「緊急事態宣言」が発せられた当初には、過度の「自粛要請」による憲法上の自由や権利、私権の制限に危惧をいだき、慎重な対応を求めていた世論も、新型コロナウイルス感染症の感染が拡大するにつれて、感染拡大を阻止するためにより厳しい規制を求める意見も見られるようになり、次第に「緊急事態宣言」への危惧感は薄れ、また、緊急事態が長引くにつれて経済活動への影響が重くのしかかり、経済再生の課題が浮上してきました。

五月二五日の「緊急事態宣言」の前倒し解除後は、疲弊しきった経済の再生が前面に押し出され、いまや新型コロナウイルス感染症問題は、感染症対策の問題としてよりも経済再生の問題として取り組まれている状況です。いまもなお収束しない新型コロナウイルス感染症の再拡大が懸念されながら、経済との両立を模索せざるを得ない状況です。

「緊急事態」の問題は、これまで主に有事法制や戦争との関係で論じられることが多かったこともあり、戦争体験世代以外の人たちにとっては、抽象的でいま一つ現実味のないものと受け止められがちでした。しかし、すべての市民が「緊急事態宣言」下に置かれ、日常の行動まで制限を受ける体験を経たいま、「緊急事態」を乗り切るための方策と「緊急事態」下における広範な自由や権利、私権の制限との調整をどう図るか、改めて現実に起こり得る問題として考えざるを得ない状況に至っています。

そこで、本書では、まず第一章において二〇二〇年四月七日の「緊急事態宣言」発出の要件、対象地域と期間の設定の根拠の合理性などの検証とともに、緊急事態宣言下で取られた都道府県知事による市民や事業者に対するさまざまな「協力要請」「自粛要請」がもつ意味、その効果、補償なしの自粛要請の正当性・合理性の検証を試みます。

つづく第二章では、東日本大震災のあと大規模災害に備えて憲法に緊急事態条項の新設が必要だと主張され、新型コロナウイルス感染症の感染拡大に便乗した「大規模災害緊急事態条項」を憲法に規定すべきだとする改憲案の主張がなされてきていますが、その自民党「たたき台素案」にみる大規模災害緊急事態条項の問題点、災害対策基本法の「災害緊急事態」の定めなど現行の大規模災害対策法制との関係などを検討します。

さらに、第三章では、大規模災害緊急事態条項の背後にある「国家緊急権」を具体化する「緊急事態条項」創設の改憲案を検討します。自民党「日本国憲法改正草案」にみる緊急事態条項の提案を取り上げ、内閣総理大臣への権力の集中、政令による人権の制限、国・公共機関の指示への服従義務、国防軍の創設および国防審判所の設置との連動などの問題点を、歴史的経験もふまえて批判的に考察します。

本書は三人による共著ですが、全体として「緊急事態」を口実にした行政権への国家権力の集

まえがき

中、自由や権利の制限には大いに警戒すべきとの立場を明らかにしています。それは、何よりも日本国憲法に含まれている平和主義と民主主義、基本的人権の尊重などの原則が、何物にも代えがたい価値をもっていると考えているからにほかなりません。本書から、そのような考え方をくみ取っていただければ、ありがたく思います。そして、多くの人が「緊急事態」について考える手がかりとなることを願っています。

本書の出版に際しては、企画段階で米倉洋子弁護士（東京弁護士会所属、日本民主法律家協会事務局長）から貴重なアドバイスを頂戴しました。この場を借りて、お礼申し上げます。また、学習の友社のみなさんにも、企画段階から適時に適切なアドバイスと励ましをいただきました。そのご協力にも感謝申し上げます。

二〇二〇年一〇月二四日

右崎　正博
大江　京子
永山　茂樹

〈目次〉

目次

第一章　〈徹底検証〉新型コロナウイルス緊急事態

右崎　正博

1　新型コロナウイルス感染症の感染拡大状況と本章の課題

(1) 新型コロナウイルス感染症の感染拡大状況

いま私たちが直面している最大の問題は、いうまでもなく「新型コロナウイルス感染症」の感染拡大の問題です。「新型コロナウイルス感染症」とは、二〇一九年に中国湖北省武漢市での集団発生によりはじめて検出された新型ウイルスによる感染症で、その後、世界各地で感染が拡大しています。二〇二〇年二月一一日にWHO（世界保健機関）により「二〇一九年新型コロナウイルス感染症」（COVID―19）と命名され、多くの場合、無症状または風邪症状を伴う軽症で自然治癒することが多いといわれますが、感染力が強く、重症化すると肺炎症状により死亡に至る場合が少なくないといわれます。

二〇二〇年一〇月二四日現在の感染の拡大状況をみると、世界では、感染者数は四二二九万人余、死者数は一一四万人余にのぼり、日本でも、感染者数は九万六八〇〇人余、死者数は一七一四人にのぼっています。いまだに感染拡大がつづいていて、収束の見通しは立っていません。

日本国内ではじめて感染者が確認されたのが一月一五日でしたが、二月三日にクルーズ船「ダイヤモンド・プリンセス号」で感染が確認され、五日から隔離検疫を開始しています。この時期の国内での感染者数は、それほど多くは確認されていませんでした。しかし、三月下旬から新規感染者が急増し、緊急事態宣言後の四月一一日には新規感染者数が七二〇人に達し、ピークを迎えました。五月に入っていったん減少傾向をみせますが、六月下旬から再び急増、八月七日の新規感染者数は一六〇四人に達し、第二波のピークとなりました。九月に入り緩やかに減少傾向に転じています。

もっとも、日本では、諸外国と比べてＰＣＲ検査の実施がいまだにかなり低い水準にあり、それが感染者数の正確な把握を妨げているのではないかと指摘されています。したがって、確認できた新規感染者の数の増減だけで新型コロナウイルス感染症の感染状況を正確に把握することはきわめて困難な状況にあります。

なお、「ダイヤモンド・プリンセス号」の感染者数および死者数は、日本への入港前であったことから日本の感染者数には含まれていませんが、三七一一人の乗員・乗客のうち、四月二六日までの感染者数は七一二人、死者数は、チャーター機などで本国へ帰国後に死亡した者を含み、一三人とされています。

(2) 本章の課題――新型コロナウイルス緊急事態宣言の検証

第一章では、新型コロナウイルス感染症の拡大に対処するために改正された「新型インフルエンザ等対策特別措置法」に基づいて四月七日に政府対策本部長（内閣総理大臣）によって発せられ、その後五月二五日になって全面解除された「緊急事態宣言」について、その法的要件の妥当性を改めて問い直し、宣言の効果や明らかになった問題点などを洗い出し、徹底的に検証してみることを目的としています。

ただ、ここでの試みは、疫学的あるいは感染症学的な見地から新型コロナウイルス感染症への対応や治療法の探求を目指すものではなく、「感染症の予防及び感染症の患者に対する医療に関する法律」（感染症法）および「新型インフルエンザ等対策特別措置法」（特措法）によって定められ、それを根拠として発動された新型コロナウイルス感染症対策のための法的措置としての「緊急事態宣言」について検証を試みようとするものです。その意味で、限られた考察にとどまるものであることを、あらかじめお断りしておきます。

2 「緊急事態宣言」前夜――感染拡大の推移

(1) 新型コロナウイルス感染症対策本部・専門家会議の設置

日本国内ではじめて感染者が確認されたのが一月一五日でした。一月二八日に、「新型コロナウイルス感染症」を感染症法六条八項の「指定感染症」（二類感染症相当）に定める政令が公布されています（二月六日施行、一年の期限付き）。これにより、感染症法に基づいて強制入院などの措置を取ることができることになりました。そして、一月三〇日に内閣総理大臣を本部長とする「新型コロナウイルス感染症対策本部」が設置されています。

その後、二月一三日に国内初の死者が確認され、翌一四日に医学的見地から対策本部に助言を行うための「新型コロナウイルス感染症対策専門家会議」（座長は脇田隆字氏）が設置されています。ちょうどそのころ北海道北見市で開催されていた展示会場でクラスターの発生が確認されています。

そして、二月二四日に専門家会議が、感染拡大は「一～二週間が瀬戸際」との見解を示したのを受けて、翌二五日に対策本部が「新型コロナウイルス感染症対策の基本方針」を決定しました。この基本方針では、「現時点では、まだ大規模な感染拡大が認められている地域があるわけではない」としつつ、「今後、国内で患者数が大幅に増えた時に備え、重症者対策を中心とした医療提供体制等の必要な体制を整える準備期間」に当たるとしていました。

(2) 突然のイベント自粛・全国一斉の休校要請

ところが、「イベント等の開催について、現時点で全国一律の自粛要請を行うものではない」としていた「基本方針」にもかかわらず、二六日になって、安倍首相(当時)は、突然、全国規模のスポーツ・文化イベントの自粛要請を行い、また、二七日には、全国すべての小中高校・特別支援学校に対して一律に春休み前までの休校要請を行いました。もちろん、これも基本方針には触れられていませんでした。

しかも、それらの要請がどのような専門的知見や疫学的根拠に基づくものなのか、十分な説明はなされませんでした。自粛要請がいつどこで決められたのか、安倍首相は、閣僚らによる対策本部会議の前の各省幹部が集まる「連絡会議」で決めたと答弁しましたが、その連絡会議の「議事録」も作成されていないことが明らかになっています。後付けで作成された「議事概要」が六月になって開示され、日時、場所、参加者と議事概要の四項目が明らかにされましたが、議事概要は各省庁からの説明の要約にとどまり、首相発言の記載もなく、これらの自粛要請の妥当性や決定過程の検証は困難な状態です。

その後の報道でも、一月から三月までの連絡会議四〇回分の記録を分析したところ、会議は首相執務室で開催され、安倍首相は全ての回に出席、菅官房長官、杉田官房副長官、今井首相補佐官らが出席しているが、記録されているのは参加者、開催日時、各省庁からの説明の概要にとどまり、首相や政府高官らの意見や指示内容は一切記録されていなかったと伝えられています（毎日新聞二〇二〇年九月一一日付け）。連絡会議は、政府の方針を正式に決定する対策本部会議に先立つ打ち合わせと位置づけられていますが、これでは政府の新型コロナウイルス感染症対策の決定過程やその妥当性を検証することは、不可能というほかありません。

（3）特措法改正の成立とその後の局面の変化

二月末のこの時期、日本国内の感染拡大はまだ緩やかに推移していて、増加傾向に転じたのは三月下旬に入ってからのことでした。しかし、三月一一日にはＷＨＯがパンデミックを宣言しています。日本では、後の「緊急事態宣言」の根拠となる「新型インフルエンザ等対策特別措置法」改正法案が、三月一〇日に国会に提出され、実質わずか一日余りの審議で一三日に可決・成立しています。この法改正により、新型コロナウイルス感染症に特措法を適用する根拠が与えられました。改正特措法は、翌一四日に施行されていますが、この時点では、安倍首相も、「緊急事態宣言を発する状況ではない」としていました。

もっとも、新型コロナウイルス感染症は感染症法六条九項および特措法二条一号にいう「新感染症」に当たると解釈する余地もあり、そのような立場からは特措法の適用を主張する意見もありましたが、政府は、法改正にこだわり、結果として対応に迅速さを欠く結果をもたらしました。その背景には、東京オリンピックの開催を優先し、それに影響を与えないようにという思惑があったのではないか、と指摘されています。

三月中旬まで、小池東京都知事は、オリンピック延期を否定していましたが、三月二四日にIOCと組織委員会、東京都、政府の話し合いによりオリンピックの一年延期が決定すると、その翌二五日には「感染拡大　重大局面」と書かれたボードを手にして週末の外出自粛を呼びかける姿勢に転じました。このような局面の変化のなか、三月二六日に、対策本部を特措法一五条一項の「政府対策本部」に指定する政令が閣議決定されています。

（４）特措法制定の背景と特措法の問題点

日本の感染症対策は、伝染病の予防と伝染病患者への医療の普及を図り、公共の福祉を増進するとした「伝染病予防法」（一八九七年）によってなされてきましたが、この法律は一九九九年に廃止され、感染症法へと引きつがれています。また、一九五一年に全面改正された「結核予防法」（一九一九年）も結核の予防と医療の提供を担ってきましたが、二〇〇七年に感染症法に統合されています。その前後の時期に、ＳＡＲＳ（重症急性呼吸器症候群）や「鳥インフルエンザ」（Ｈ５Ｎ１）に備えるために二〇〇三年と二〇〇八年に改正され、二〇〇八年の改正で「新型インフルエンザ等感染症」が適用対象に加えられています。

そして、民主党政権の下での二〇一二年に「新型インフルエンザ等対策特別措置法」が制定され、緊急事態宣言の仕組みが導入されました。今回の法改正は、「新型インフルエンザ等感染症」の「等」に「新型コロナウイルス感染症」を含むとするもので、新型コロナウイルス感染症を理由とする緊急事態宣言の発出を可能としたものです。

ただ、この特措法については、当時の「日本弁護士連合会」（日弁連）会長が「新型インフルエンザ等対策特別措置法案に反対する会長声明」（二〇一二年三月二二日）を発し、次のような問題点を指摘していました。第一に、緊急事態宣言の要件が抽象的で、国会の承認も必要とせず、緊急事態措置の実施期間も二年以内、一年延長可と長すぎること。第二に、検疫のための病院や宿泊施設等の強制使用、臨時医療施設開設のための土地の強制使用など強制力を伴う強い私権制限が定められているが、必要最小限度にとどめられているか疑問があること。第三に、施設の使用制限等が定められているが、その要件が抽象的で対象も広く、感染拡大防止目的に必要な限度を超えて集会の自由が制限される危険があること。第四に、NHKなどの「指定公共機関」に対し総合調整に基づく措置の実施を指示できるとしているが、その要件が不明確で報道の自由に対する規制となる可能性があること、などです。これらの問題点は改善されないまま、現在に至っています。

3 「緊急事態宣言」の仕組み——特措法上の発動要件や法的効果など

(1) 政府行動計画の作成・政府対策本部の設置・基本的対処方針の決定

最初に、「新型インフルエンザ等対策特別措置法」(特措法)に基づく「緊急事態宣言」の仕組み——その発動要件や法的効果など——について確認をしておきます。

まず、特措法は、新型インフルエンザ等の発生に備えて政府行動計画の作成を求めており(六条)、この政府行動計画に基づいて都道府県知事が都道府県行動計画を、都道府県行動計画に基づいて市町村長が市町村行動計画を作成することとしている(七条、八条)。また、指定公共機関と指定地方公共機関も、それぞれ政府行動計画、都道府県行動計画に基づいて業務計画を作成する（九条）。

そして、新型インフルエンザ等が発生した場合、感染症法に基づき医師や獣医師により最寄りの保健所長を通して都道府県に届け出られた内容が厚生労働大臣に報告されるが、厚生労働大臣は、新型インフルエンザ等が発生したと認めた旨を公表するときは、内閣総理大臣に対し、発生の状況、病状の程度などの情報を報告する（一四条）。その報告を受けた内閣総理大臣は、政府対策本部を設置し（一五条）、その長は内閣総理大臣が務める（一六条）。政府対策本部が設置されたときは、都道府県知事が都道府県対策本部を設置し、その長は知事が務める（二二条、二三条）。

政府対策本部は、基本的対処方針を決定し（一八条）、それに基づいて都道府県や指定公共機関が実施する対策の総合調整を行う（二〇条）。都道府県対策本部長は、対策を的確かつ迅速に実施するために必要があると認めるときは、公私の団体又は個人に対し、必要な協力を要請することができ（二四条九項）、医療関係者に対し、医療や必要な協力を要請することができる（三一条）。

(2) 緊急事態宣言と外出自粛と協力要請、休業等の自粛要請と指示、私権の制限

政府対策本部長は、「国民の生命及び健康に著しく重大な被害を与えるおそれがある」新型インフルエンザ等が国内で発生し、「その全国的かつ急速なまん延により国民生活及び国民経済に甚大な影響を及ぼし、又はそのおそれがある」事態が発生したと認めるときは、「緊急事態宣言」を発し、その旨および緊急事態措置を実施すべき期間と区域、緊急事態の概要を公示するとともに、国会に報告をする。緊急事態の期間は二年を超えてはならないが、一年間の延長は可能

とされ、期間や区域を変更する場合や緊急事態措置を実施する必要がなくなったと認め緊急事態解除宣言をしたときは、公示と国会への報告が必要とされている（三二条）。

緊急事態が宣言されると、都道府県知事にさまざまな規制権限が与えられる。住民に対する外出自粛、感染防止への協力要請（四五条一項）、学校・社会福祉施設・興行場等の施設管理者に対する使用制限や催し物等の開催の自粛要請（同条二項）、施設管理者等が要請に応じない場合には、要請に係る措置を講ずべき指示をすることができる（同条三項）。そして、要請又は指示をしたときは、「遅滞なくその旨を公表しなければならない」（同条四項）。

さらに、都道府県知事は、臨時の医療施設開設のため、所有者等の同意を得て、必要な土地、建物等を使用すること（四九条一項）、一定の場合には強制的に使用することもできる（四九条二項）。また、緊急事態措置のために必要な物資や資材の供給、運送等の要請や指示ができ（五〇条、五四条）、その所有者が売渡しの要請や要請に応じないときには収用すること、生産、販売、輸送等の業者に対し物資の保管を命ずることもでき（五五条）、必要があるときには立入検査をする権限も認められる（七二条）。物資の保管命令に従わない者に対しては六ヶ月以下の懲役または三〇万円以下の罰金、立ち入り検査を拒否したり、必要な報告を怠ったりした者は三〇万円以下の罰金に処される（七六条、七七条）。

（3）緊急事態宣言の要件の不明確性、国会への事後報告、専門家の意見の聴取

以上が特措法に基づく緊急事態宣言の仕組みですが、そこにどのような問題が含まれているのか、考えてみたいと思います。まず問題となるのは、緊急事態宣言の要件が明確でないことです。特措法では「国民の生命及び健康に著しく重大な被害を与えるおそれがある」こと及び「全

国的かつ急速なまん延により国民生活及び国民経済に甚大な影響を及ぼし、又はそのおそれがある」場合としていますが、「著しく重大な被害を与えるおそれ」とか「急速なまん延により……甚大な影響を及ぼすおそれ」など、抽象的で曖昧な要件が示されているだけです。しかも、国会には宣言後に「報告」するだけでよく、宣言発出の判断を政府対策本部長（内閣総理大臣）に丸ごとゆだねてしまっています。

政府行動計画の策定や基本的対処方針の決定に当たっては「感染症に関する専門的な知識を有する者その他の学識経験者の意見を聴かなければならない」とされていますが（六条五項、一八条四項）、緊急事態宣言の発出・延長・変更・解除に際しては、その公示をしたときに基本的対処方針を変更し、必要とされる緊急事態措置の実施に関する重要な事項を定めなければならないとされていますので（三二条六項）、この段階ではじめて専門家や学識経験者の意見を聞くことになります。これで十分な科学的知見に裏付けられた合理的かつ的確な判断ができるのか、不安が残ります。

（４）広汎な憲法上の自由と権利の制限

特措法は、第五条で「新型インフルエンザ等対策を実施する場合において、国民の自由と権利に制限が加えられるときであっても、その制限は当該新型インフルエンザ等対策を実施するため必要最小限のものでなければならない」と定め、基本的人権の尊重をうたっていますが、緊急事態宣言が発せられた場合の住民に対する外出自粛の要請や、学校や興行場等の使用制限や催し物等開催の自粛要請や指示、医療施設開設のため必要な土地、建物等の強制的使用や必要な物資・資材の供給等の要請や指示、売渡し要請や収用、物資の保管命令など、いずれも憲法で保障された移動の自由や営業の自由（憲法二二条一項の「職業選択の自由」には、選択した職業を継続して遂行する「営業の自由」も含まれます）、財産権（憲法二九条）を制限するものですし、また、一定の業種や事業所の規模を基にしてなされる事業者に対する休業あるいは営業時間短縮の要請や指示が、事業者や従業者の生存権（憲法二五条）を脅かすということも十分に考えられます。

また、感染症の発生状況、動向や原因に関する国民や住民への必要な情報の提供に際して、感染者やその家族あるいは関係者のプライバシーの権利（憲法一三条）が危険にさらされる場合があり、大学や学校が休校措置の対象になれば、学問の自由（憲法二三条）や教育を受ける権利（憲法二六条）が制限されることにもなります。

さらに、興行場その他の施設の使用の制限や停止、催し物の開催の制限や停止は憲法上とりわけ重要な人権である集会の自由や表現の自由（憲法二一条一項）の制限になりますし、ＮＨＫが指定公共機関とされ、緊急事態宣言下においては内閣総理大臣の必要な指示を受けることになれば、報道の自由が確保されず、必要な情報が伝えられず、国民や住民の「知る権利」が制約を受ける重大な危惧があります。

以上のような特措法の仕組みを念頭に置きながら、実際に緊急事態宣言が発せられたときの状況を詳しく検証してみたいと思います。

4 「緊急事態宣言」発出とその後の推移

(1)「緊急事態宣言」の発出と外出・休業等の自粛要請

政府は、特措法改正後もしばらくの間は緊急事態宣言を発する状況にはないとしてきていましたが、局面が変わったのは三月下旬に感染が急速に拡大しはじめてからです。東京オリンピック・パラリンピックの開催延期決定の翌日に東京都の新規感染者数が四〇人台に上ったのを受けて、二五日に小池知事が週末の外出自粛を要請、二六日に政府がそれまでの対策本部を特措法一五条一項の政府対策本部に指定、二八日に基本的対処方針が決定されました。しかし、この時点でもまだ、「今後の状況が、緊急事態宣言の要件に該当するか否かについては、海外での感染者の発生状況とともに、感染経路の不明な患者やクラスターの発生状況等の国内での感染拡大の状況を踏まえて、国民生活及び国民経済に甚大な影響を及ぼすおそれがあるか否かについて、政府対策本部長が基本的対処方針等諮問委員会の意見を十分踏まえた上で総合的に判断する」としていました。

しかしながら、四月七日に至り、国民の生命及び健康に著しく重大な被害を与える恐れがあり、全国的かつ急速なまん延により国民生活及び国民経済に甚大な影響を及ぼすおそれがあると総合的に判断できるとして、特措法三二条一項に基づき、政府対策本部長により新型コロナウイルス感染症緊急事態を宣言するとともに、基本的対処方針を改正しています。緊急事態措置を実施する期間は四月七日から五月六日までの二九日間、区域は埼玉県、千葉県、東京都、神奈川県、大阪府、兵庫県及び福岡県の七都府県としました。この日に改正された基本的対処方針では、国民に対しては不要不急の外出の自粛と「三密の回避」、事業者に対してはテレワークの活用による出勤者の四割削減が呼びかけられましたが、「社会・経済機能への影響を最小限に留め、諸外国で行われている『ロックダウン』（都市封鎖）のような施策は実施しない」としていました。

また、大規模な催し物等の開催については「主催者による慎重な対応」が求められ、都道府県が開催制限の要請を行う場合には、「第一段階として法第二四条第九項による協力の要請を行うこととし、それに正当な理由がないにもかかわらず応じない場合に、第二段階として法第四五条第二項に基づく要請、次いで同条第三項に基づく指示を行い、これらの要請及び指示の公表を行うものとする」としていました。

（2）緊急事態措置の実施区域・期間の拡大とその前倒し解除宣言

その後、四月一六日に緊急事態措置の実施区域を全都道府県に拡大し、当初に宣言された期限である五月の連休明け前の五月四日になって期間を五月三一日まで延長することを決めています。ただし、五月一四日に専門家による再評価を行うとし、その五月一四日になって、緊急事態措置の実施区域を北海道、埼玉県、千葉県、東京都、神奈川県、京都府、大阪府及び兵庫県とする変更を行い、三九県で緊急事態宣言を解除しました。

さらに、五月二一日には、感染状況の分析・評価の結果、緊急事態措置の実施区域を北海道、埼玉県、千葉県、東京都、神奈川県に変更し、最終的に、当初の予定の期限を待たずに五月二五日に「総合的に判断」した結果、「緊急事態措置を実施する必要がなくなったと認められることから、法第三二条第五項に基づき、緊急事態解除宣言をおこなうこととする」（五月二五日変更の基本的対処方針）として、緊急事態宣言は全面解除されました。

しかしながら、五月二一日時点では、緊急事態解除の基準とされていた「直近一週間の〈感染者の〉累積報告数が一〇万人あたり〇・五人程度以下であること」という基準を、北海道、埼玉県、千葉県、東京都、神奈川県が満たしていなかったため緊急事態措置実施区域として残されましたが、五月二五日の緊急事態解除宣言を受けて変更された基本的対処方針では、「改めて感染状況の変化等について分析・評価を行い、『区域判断にあたっての考え方』をふまえて総合的に判断したところ、すべての都道府県が緊急事態措置を実施すべき区域に該当しないこととなった」と説明しています。

その「総合的判断」とはいかなる判断要素を勘案してなされたのか、次々に前倒しされて緊急事態が解除されたことに果たして十分な根拠があるのか、そもそも当初の緊急事態宣言に本当に十分な根拠があったのか、緊急事態措置の実施対象とされた区域や期間の設定がどのような根拠に基づいてなされたのか、それらの疑問に対して科学的な知見に裏付けられた合理的な説明はいまもなされていません。

政府や東京都は「二〇二〇年オリンピック・パラリンピック」の開催にこだわりつづけ、三月二四日に開催延期が決まるまで感染の拡大を小さく見せようとしてPCR検査を積極的に進めなかったのではないか、そのことが感染拡大の過小評価と対策の遅れをもたらした原因ではないのか、必要な対策を取らないままやり過ごしてきて、切羽詰まって緊急事態宣言を出したが、経済活動が大打撃を受けることになり、その結果、今度は逆に、十分な根拠も明らかでないまま緊急事態宣言の期間満了を待たずに次々に前倒しで解除するという対応に出たのではないか、などの疑問が付きまといます。緊急事態宣言の根拠も、設定された区域や期間の根拠も、結局、不明確であったといわざるを得ません。多くの国民が政府のその場限りの対応に振り回されたのではないでしょうか。

（3）都道府県の独自の対応、政府との温度差

緊急事態宣言の発出の前後に、地域での感染拡大を受けて都道府県が特措法に基づかない独自

の「緊急事態」を宣言する例もありました。北海道はクラスターの発生を受けて二月二八日に「緊急事態宣言」（三月一九日まで）を発し、七都府県を対象に特措法による緊急事態宣言が発せられたあと、対象区域から外された愛知県が独自の「緊急事態宣言」を行っています。緊急事態解除宣言後の六月下旬から再び感染者数が急増し、八月七日には新規感染者数が一六〇四人に達し、第二波のピークとなりましたが、政府は、再び緊急事態宣言を発することには消極的な姿勢を示しています。しかし、七月後半になり感染者が急増した沖縄県が八月一日に「非常事態宣言」を発し、三〇日に九月五日まで期間を延長しています（五日に解除）。

緊急事態宣言直後の対応について、東京都と政府の微妙なスタンスの違いも指摘されました。東京都は、デパートなども含めて広い業種の事業者に対して休業要請をすることを想定していたようですが、経済活動への打撃を懸念した政府によってそれを阻まれ、知事が不満を述べる様子も報じられました。その結果、生活必需品を扱う食料品フロアだけ営業し、他のフロアを閉じるという対応もみられましたが、多くの人が外出を控えるなかで、結局、採算が取れずに全店休業にするデパートがほとんどでした。

緊急事態解除宣言後も、県境をまたいだ往来や一部業種への営業自粛要請はつづけられてきましたが、六月一九日をもってそれも全面的に解除されました。ただし、桁違いに感染者数が多い東京都だけは、県境をまたいだ往来や一部の業種への営業時間の短縮の要請をその後もつづけてきています。ただ、東京都も、特措法二四条九項に基づく団体又は個人に対する施設利用の停止の協力要請と四五条一項に基づく外出自粛要請にとどめ、四五条二項に基づく施設管理者に対する施設使用の制限や停止要請、同条三項に基づく指示の発動までは行っていません。

5　「緊急事態宣言」下での混乱――営業の自由と財産権、個人情報とプライバシー

（1）緊急事態宣言に伴う多くの問題

先に、特措法による緊急事態宣言は、プライバシー権（一三条）をはじめ、表現の自由や報道の自由と「知る権利」あるいは集会の自由（二一条）、移動の自由（二二条）、学問の自由（二三条）、生存権（二五条）、教育を受ける権利（二六条）、営業の自由と財産権（二二条・二九条）など、多くの憲法上の権利や自由に制限をもたらす危険性があることを指摘しました。

それらの権利や自由の制限について、それぞれ詳しく検証する必要があります。しかし、限られたスペースのなかですべての問題を検証することには困難が伴いますので、ここでは最も多く混乱が見られた憲法二二条が保障する営業の自由と二九条が保障する財産権の問題および憲法一三条に関わる感染情報の公開等に伴う個人のプライバシーや個人情報の保護の問題に絞って検討を試みたいと思います。

（2）休業の要請・指示をめぐる混乱と営業の自由・財産権の保障

最初に、緊急事態宣言下での営業の制限をめぐる問題を取り上げます。前節で、東京都が、緊急事態宣言下での営業制限を特措法二四条九項に基づく協力要請と特措法四五条一項に基づく外出自粛要請にとどめ、四五条二項に基づく施設管理者に対する施設使用の制限や停止の要請や同条三項に基づく指示の発動まではしていないことを指摘しました。しかし、他の府県では、特措法四五条二項に基づく施設の使用制限の要請、同条三項に基づく施設管理者への指示を発動した

ところも少なくありません。それらの要請あるいは指示が発動された場合には、四五条四項により「その旨を公表」することになります。

各地の状況をざっと振り返ってみると、特措法二四条九項に基づく協力要請は、徳島県と岡山県を除く四五都道府県で、大学、劇場、集会場、博物館・美術館、カラオケボックスやキャバレーなどを対象としてなされました。特措法四五条一項に基づく住民に対する不要不急の外出自粛の協力要請は全都道府県でなされました。また、特措法四五条二項に基づく施設管理者に対する施設の使用制限は、二一都道府県でなされたということですが、そのほとんどはパチンコ店などの遊興施設を対象とする休業要請だったということです。さらに、特措法四五条三項に基づく指示は千葉県、神奈川県、新潟県、兵庫県、福岡県の五県でパチンコ店を対象としてなされたようです。大阪府でも、休業要請に従わなかったパチンコ店に対して指示が検討されたようですが、その発動には至りませんでした。しかし、大阪府は、四月二四日に全国で初めて特措法に基づき休業要請に応じないパチンコ六店の店名と所在地の公表に踏み切りました。

特措法四五条二項に基づく要請や同条三項に基づく指示がなされた場合には、同条四項により、都道府県知事には遅滞なくその旨を公表することが求められます。しかし、「その旨」とはなにか、特措法はその内容について何も規定していません。それゆえ、国が示した「ガイドライン」にしたがって、店名や所在地などが公表されることになりましたが、その結果、さらなる混乱が生じました。というのは、知事の要請や指示にもかかわらず、営業をつづけざるを得ない事情を抱えた事業者があり、そのような事業者の店名や所在地が公表されたことにより、逆に、営業しているパチンコ店の所在を広告することになってしまったからです。そのため、開店しているごく少ない店に多くの客が都府県境を越えて押し寄せ、「三密」を回避して感染を防止するという法律の目的とは逆の結果を生み出すことになってしまいました。

(3) 特措法に基づく要請・指示の公表をめぐる問題

そこには、いくつかの問題があります。その一つは、特措法に基づいてなされた要請と指示の公表が、制裁的な意味をもつものとして運用されたことです。四五条四項による要請と指示の公表は、本来は、要請や指示がなされた事実を公表することを通して、感染拡大の防止のために必要な情報を住民に対して提供することを目的とした規定です。そこに要請や指示に従わない事業者に対する制裁的意味はないはずです。要請や指示に従わないことに対する制裁として公表するというのであれば、ある種の行政処分になりますから、事前の告知がなされ、十分な弁明の機会が与えられ、不服申立ての手続が保障されなければならないでしょう。国のガイドラインでは、「緊急を要する場合」はそのような手続は必要ないとしています。この点に関して、内閣官房が都道府県に示した事務連絡では、店名公表の前に専門家の意見を聞くよう求めていますが、その「専門家」の定義が都道府県によってまちまちで、「専門家」が一人の場合や専門家の意見の記録を残していないところもあり、公平性さに欠けるのではないかという問題も浮上してきています。

新型コロナウイルス対策担当の西村康稔経済再生担当大臣は、特措法四五条四項によらなくても、感染症法一六条の「情報の公表」規定により店名公表ができると述べました。しかし、すでに述べたように、この規定から制裁的意味を読みとることはできないでしょうし、情報公表の義務を負うのは「厚生労働大臣及び都道府県知事」ですから、経済再生担当である西村大臣の所管外のことではないでしょうか。

（４）営業の自粛や休業の要請・指示に伴う補償の問題

営業の自粛や休業の要請、指示に伴う補償の問題もあります。各地で、営業の自粛や休業の要請、指示がなされましたが、それに伴う補償はまったくなされませんでした。東京都は、補償ではなく「協力金」を事業者の申請により支給しました。その額は、一店舗の場合は一〇〇万円、複数店舗の場合は二〇〇万円でした。緊急事態措置が延長された五月六日以降も、二〇万円の「協力金」が申請により支払われましたし、緊急事態解除後も営業時間の短縮要請をつづけ、要請に応じた事業者に二〇万円を支給してきています。しかしながら、財政力が豊かな東京都の場合は、いわば例外です。その他の道府県では「協力金」は多くても五〇万円、まったく支給しないところがほとんどです。この地域的不平等をどう考えるべきでしょうか。

憲法二二条によって保障される営業の自由や憲法二九条によって保障される財産権は、「公共の福祉」のために制限が課される余地を条文上認めています。営業の自由や財産権などの経済的自由は、現代社会においては公共の利益のために制限を受けることが社会的合意としてあり、法律による規制が広く行われてきています。しかし、新型コロナウイルスの感染拡大防止という目的のために休業の要請や指示を行った場合に、補償はまったくなされず、「協力金」の支払いも都道府県に任されている現状に問題はないのでしょうか。

（５）補償についての憲法学の考え方――「特別犠牲説」

憲法学の通説では、「公共の福祉」のためにすべての人が等しく制約を受けるような、営業の自由や財産権に内在する制約の場合には補償は不要であると考えられてきています。しかし、憲法二九条三項は「私有財産は、正当な補償の下に、これを公共のために用ひることができる」と規定しており、社会公共の利益のために特定の人が特別な犠牲を課される場合には補償が必要と考えられ、憲法学では、このような考え方を「特別犠牲説」と呼んでいます。

何を「特別な犠牲」と見るかについては、①制限や規制を受ける人が、広く一般人かそれとも特定の個人や集団か、という形式的要件と、②制限や規制が財産権の本質的内容を侵害するほど強度なものであるか、という実質的要件を総合的に考慮して判断すべきであるとされます。最近は、実質的要件をより重視する考え方が有力で、財産権の制限が、当該財産権の本来の効用の発揮を妨げるような制限の場合には補償が必要と考えられるようになっています。しかも、そのような場合には、法令に補償に関する規定がない場合でも、憲法二九条三項を直接根拠にして補償の請求ができるとした最高裁判例もあります。

特定の業種を対象としてなされる特措法による休業の要請や指示が、営業の自由や財産権の本質を損なうほどの強度の制限といえるのか、見方は分かれています。一方には、特措法による休業の要請や指示は、あくまでも事業者の「自主的な判断」に基づく慎重な対応が求められるもので、それに従わないとしても罰則が規定されているわけではないので「強制」の要素はなく、財産権の本来の効用の発揮を妨げるような強度の制限には当たらないから、補償がなされないとしても問題はないとする考え方があり、他方には、休業などの要請や指示は、社会的にそれに従うことを強く求められ、それに従わない場合には、店名や所在地を制裁的に公表されるのであり、実質的に「強制」の要素が伴っているから、休業に対する補償がなされないのは問題で、違憲の疑いがあるという考え方です。この問題に関して、憲法学者の意見は一致していません。

西村担当大臣は、要請や指示に従わない事例が多発するようなら法改正により罰則規定を設けることも考えなければならないと述べています。仮に、要請や指示の実効性を確保するために、従わない事業者に罰則を科すように特措法を改正するということになれば、特定の事業者の営業の自由や財産権に対して特別な制限を課すことになりますから、補償なしには許されないとみるべきでしょう。つまり、休業の要請や指示のような形での営業の自由や財産権の制限は、補償とセットでなければならないと思われます。

(6) 新型コロナウイルス感染症対策とプライバシー・個人情報の保護

もう一つの大きな問題は、新型コロナウイルス感染症対策のための情報の公表と憲法一三条が保障する個人のプライバシーの権利との両立の問題です。

感染症法一六条一項が、厚生労働大臣と都道府県知事に対して、感染症の発生の状況、動向及び原因に関する情報や感染症の予防及び治療に必要な情報を適切な方法により積極的に公表しなければならないとし、また、特措法四五条四項が施設の使用制限などを施設管理者に対して要請あるいは指示した場合に、その旨を公表しなければならないと規定していることについて、国民や住民に感染症に関する十分な情報を提供し、必要な備えをする機会を保障するための規定であることを、先に述べました。

新たに感染者が判明した場合、感染拡大防止のために感染経路の究明が必要となり、さらに他者への感染防止のために感染が判明した者の濃厚接触者の有無などの調査も必要となります。そのために、当該感染判明者の一定期間の行動調査はもちろん、家族・隣人・職場などの関係者の行動の調査なども必要となることを避けられません。それらの調査は、しかし、個人の私生活に深くかかわる情報、プライバシーに関する情報を調べることにほかなりません。だからこそ、感染症法一六条二項が「前項の情報を公表するに当たっては、個人情報の保護に留意しなければならない」としているのです。

しかしながら、感染症の発生状況の公表がなされたとき、感染者の身元を詮索し、特定し、暴露するような情報がＳＮＳで拡散され、個人のプライバシーが脅かされる事態が多く発生しました。感染者の家族や親族、職場の同僚らの身元が特定され、嫌がらせを受けたり、攻撃されたりする事態も生じています。誤った正義感から休業や時短要請に応じない事業者を警察に通報したり、自粛を促すような張り紙をしたりする「自粛警察」と呼ばれるような現象も生まれました。新型コロナウイルス感染症の拡大が、新たな偏見や差別、排除をもたらしてもいます。

さらに、政府がスマホの位置情報を活用した「接触確認アプリＣＯＣＯＡ」を導入し、運用を開始しています。八月二六日時点で一五〇〇万件を超えるダウンロードがなされているといいます。日本では、スマホの端末にデータを蓄積し、政府のサーバーなどにデータを蓄積するものではないとされていますが、端末に蓄積された位置情報などのデータが他に漏れたり、ほかの目的に流用されたりしないような歯止めが必要です。

また、新型コロナウイルス感染症対策のための個人向けの特別定額給付金や休業者支援金の支給申請に「マイナンバーカード」を使ったオンライン申請を導入し、マイナンバーカードの普及拡大を図ろうとする動きもありました。さらに、マイナンバーカードと健康保険証や免許証との一体化を進めようという議論も提起されてきています。このような動きは、個人情報とプライバシー保護の観点からもっと厳密な検討を要する問題であり、新型コロナウイルス感染症対策の簡便な手段として安易に採用すべきものとは思われません。

当然のことながら、「個人情報の保護に関する法律」は、病歴を「要配慮個人情報」と定め（二条三項）、本人の同意を得ないで取得することを禁止していますし（一七条二項）、「行政機関の保有する個人情報の保護に関する法律」にも同様の規定がある（二条四項）ほか、個人情報の保有制限（三条）や利用・提供制限（八条）も明記されています。したがって、一方で、新型コロナウイルス感染症に関するさまざまな情報を積極的に公表するとともに、感染症対策のためにとられた施策の妥当性の検証に必要とされる情報の公開の徹底を図りながら、他方で、個人情報とプライバシーの保護に十分な施策を講じることが求められます。

6 「緊急事態宣言」と経済危機──前例のない規模の補正予算と予備費計上

（1）新型コロナウイルス感染症対策と経済危機

政府の新型コロナウイルス感染症対策担当大臣には西村康稔経済再生担当大臣が充てられています。もちろん二〇一一年に設置された「新型インフルエンザ等対策閣僚会議」には、当然のことながら、厚生労働大臣もメンバーに入っていますが、西村大臣が担当大臣に指名されたことにより、新型コロナウイルス感染症対策の問題が、厚生労働マターではなく、経済再生マターとして位置づけられ、疲弊した経済の立て直しの問題に大きな比重が置かれることとなりました。

確かに、新型コロナウイルスの感染拡大による経済への影響は甚大であり、八月一七日に公表された四月から六月期の国内総生産（ＧＤＰ）速報値はその前の期に比べて七・八％減、年率換算でマイナス二七・八％減、戦後最悪の落ち込みとなりました（九月八日に前期比七・九％減、年率換算で二八・一％減と下方修正されています）。また、新型コロナウイルス感染症の感染拡大による休業や廃業などによる解雇・雇止めによる失業者数は、八月三一日時点で約五万人、九月二三日時点で六万人を超えたと報じられました。

このような事態を乗り切るべく、政府は、相次いで補正予算を組み新型コロナウイルス対策を打ち出しました。第一次補正予算では総額二五兆七〇〇〇億円を計上して、国民一人当たり一〇万円の特別定額給付金の支給、事業者に対する雇用調整助成金や持続化給付金の支給などを決めていましたが、六月一二日に成立した第二次補正予算で、さらに補正予算としては戦後最大規模の総額三一兆九一一四億円を計上し、事業者に対する家賃支援給付金の創設、持続化給付金の拡充、雇用調整給付金の拡充、地方創生臨時交付金の増額などを決め、同時に予算額の三分の一に当たる一〇兆円を政府の裁量で支出できる予備費として計上しました。これまでに例のない異例の予備費計上です。しかも、その具体的な内容は不明です。そして、六月一六日の国会閉会後、国会の審議もなされないまま、一〇月半ばまでに約四兆円の予備費からの支出が閣議決定されています。

(2) 前例のない規模の補正予算・予備費計上と財政民主主義

憲法は、八三条で「国の財政を処理する権限は、国会の議決に基づいて、これを行使しなければならない」としていて、国費の支出や債務の負担は国会の議決に基づくことが必要で(八五条)、そのための予算案は国会の議決を経なければならず(八六条)、予備費の支出についても国会の承諾を得なければならない(八七条)としています。これらの定めはすべて、国の財政の処理は、国民の代表によって構成される国会を中心にして決められなければならないという「財政民主主義」の原則を示したものです。

一〇兆円もの予備費を計上した第二次補正予算は、この財政民主主義の原則をかいくぐるものといえます。しかも、そのうちの二兆三一七六億円の持続化給付金の事務処理が、七六九億円で

「サービスデザイン推進協議会」という団体に委託され、その団体から大手広告代理店「電通」に七四九億円で再委託され、さらに電通の関連企業に再々委託されるという実態も明らかにされました。このような事実は、予備費の支出を不透明にするだけでなく、新型コロナウイルス感染症対策を隠れ蓑にして国民の税金を食い物にするようなものです。その後も、七月二二日から始められたＧｏＴｏトラベルキャンペーンの実施のための事務の委託をめぐって同様な事態が露見しています。第一次と第二次の補正予算、合わせて五七兆円の予算執行について、何よりも透明性が求められます。

7　特措法改正への向きあい方――国会による議論の封じ込めも

（1）特措法改正をめぐる議論とその前提となる政策の検証に必要なこと

新型インフルエンザ等対策特措法には、これまでもみてきたように、さまざまな点で問題が残されていることが指摘されてきています。西村大臣も、特措法に基づく要請や指示が守られないのであれば、罰則を設けるなどの法改正が必要との認識を示していますが、法改正の時期については「収束後に」と明確にしていません。報道機関による全国の知事の意見の調査結果（朝日新聞二〇二〇年六月二二日付け）によれば、全国の知事の約七割に当たる三四知事が、特措法改正が必要と考えているとのことです。具体的に改正が必要と考えられている点は、休業に対する補償規定の新設、要請や指示に応じない場合の罰則の定め、知事の権限の明確化、緊急事態の宣言と解除への知事の関与などです。

しかし、法改正のためには、具体的にどの条項をどのように改正するか、特措法の施行状況を十分に検証したうえで議論する必要があります。そのためには、実際に宣言がなされた緊急事態に関する記録の精査が必要です。ところが、五月末になって政府の方針を実質的に決定づけてきた専門家会議の議事録が残されていないことが明らかになりました。その理由について、政府は、委員に自由に率直な議論をしてもらうためだとしていますが、専門家会議の委員は、専門家として責任をもって発言すべき立場にあるはずですから、議事録を残さないままでは、責任の所在があいまいにされかねませんし、異論があったことを表に出させずに封じ込めてしまうことになりかねません。

また、議事録が残されていなければ、専門家会議の議論と政府の決定との関連性も見通せません。政府は、三月一〇日に、公文書管理法実施の指針である「行政文書の管理に関するガイドライン」に基づき、「歴史的緊急事態」の指定を行い、政府対策本部などの会議の議事録の作成や資料の保存が義務づけられることになったはずですが、専門家会議は「決定又は了解を行わない会議等」に当たるので、詳細な記録の作成を義務づけられていないとするなど、その対応には一貫性がありません。これでは、専門家会議でどのような議論が行われ、その議論をどのようにふまえて政府が決定を行ったのか、果たして政府の決定が専門家会議の示した知見を十分にふまえたものであったのかどうか、検証することは不可能です。

二月に開かれた専門家会議の第二回会議の会議録の情報公開請求がなされたケースでも、委員の発言部分三八ページ一三五二行のほとんどが墨塗りされて公開され、ここでも「公開すると率直な意見交換が損なわれるおそれがある」とされたとのことですが、議事録は、政策決定のプロセスを検証するための重要な資料です。国民にとって不幸なのは、十分な情報も与えられないまま自粛や自衛を強いられることです。先にも参照した感染症法一六条一項が、厚生労働大臣と都道府県知事に、感染症の発生の状況、動向及び原因に関する情報や感染症の予防及び治療に必要な情報を積極的に公表するよう義務づけていますが、新型コロナウイルス感染症が今どの段階にあるのか、ＰＣＲ検査が未だに十分になされないのはなぜなのか、十分な医療体制が確保されているのか、医療機器や装備品は十分に確保されているのか、十分な情報が与えられないことが、国民の不安の大きな原因となっています。

(2) 特措法改正の諸論点

ここで改めて、特措法の改正が必要と思われる点を整理しておきたいと思います。第一に、緊急事態宣言の発出と解除の要件を明確にすること、緊急事態宣言の発出と解除に際しては原則として国会の事前の承認を必要とし、緊急やむを得ない場合にのみ事後の承認を要するものとすること、第二に、緊急事態宣言の期間を六か月程度に短縮し、延長や変更の都度、国会の事前または事後の承認を必要とすること、第三に、緊急事態の宣言が憲法で保障された権利や自由に対し広範な制限を及ぼす可能性があることから、第三者的な監視機関を設置し、法の発動と運用について慎重を期すること、第四に、緊急事態宣言に伴う措置の実施状況について適時に国会に報告する仕組みを定めるとともに、緊急事態宣言の発動の根拠および宣言に基づく措置について国民に対して迅速に情報を公開し、広く検証ができるような体制を整えること、また、第五に、施設の使用制限や休業等の要請や指示に際しては、適正な補償の仕組みを規定することなどの諸点が検討されるべきであると考えられます。

（3）臨時国会の召集要求、それを無視する政府の対応の違憲性

とはいえ、唯一の立法機関である国会が開かれていなければ、法改正はできません。通常国会は六月一七日に閉会したままになっていて、法改正の目途は立っていません。野党からは、憲法五三条に基づく臨時国会召集の要求がなされましたが、政府と与党により無視され、臨時国会の召集も予定されていませんでした。国会が開かれない以上、特措法にいろいろと不備があるとしても、国会で改正をめぐる議論ができない状態がつづいています。政府与党は、早急に審議すべき法案はないので臨時国会は必要ないとしています。西村担当大臣も、特措法改正の課題は、新型コロナウイルス感染症の収束後に取り組むと述べ、他人事のような応答をしています。

この問題についてどのように考えるべきなのでしょうか。憲法五三条は、「いづれかの議院の総議員の四分の一以上の要求があれば、内閣は、その〔臨時会の〕召集を決定しなければならない」と定めています。これまでも何回か野党の要求により臨時会の召集が要求されたことがあります。第二次安倍政権下でも、二〇一五年と二〇一七年に、野党側から臨時会の召集が要求されたことがありますが、内閣は、「外交日程」などを理由に応じず、二〇一七年には三か月後に召集に応じたものの、その日に衆議院を解散するという暴挙に出て、審議を拒否しています。実は、二〇一二年に公表された自民党の「日本国憲法改正草案」では、総議員の四分の一以上の要求があったときは、「要求があった日から二〇日以内に臨時国会が召集されなければならない」としていました。自ら主張した改憲案にもかかわらず、今回も野党の臨時会召集要求は拒否されたままです。

二〇一七年六月二二日に、衆参両院において臨時会の召集要求が出されたにもかかわらず、九八日が経過する九月二八日まで臨時会が召集されなかったことについて、内閣は合理的期間内に

臨時会を召集すべき義務を怠たり、その結果、国会議員としての権能を行使する機会を奪われたとして、当時の沖縄県選出の四名の議員が国家賠償を求める裁判を提起していましたが、その判決が二〇二〇年六月一〇日に那覇地裁で言い渡され、国家賠償請求は退けられたものの、内閣が臨時会の召集要求に応じなかったことは、実質的に「違憲」であると判断されています。

その判決をふまえても、国会を開かないで逃げ続けることは許されないと思われます。今回は、森友学園や加計学園の問題に加えて、「桜を見る会」の問題、河井克行・案里夫妻の公職選挙法違反問題など、相次ぐ不祥事の追及を避けたいとの安倍首相の意向ではないかと推測されますが、新型インフルエンザ等対策特措法のさまざまな問題点を洗い出し、法改正を含めて新型コロナウイルス感染症対策を話し合い、新型コロナウイルス感染症と向き合うことが急務と思われますから、早期に臨時会の召集に応じるべきだと考えます。

もっとも、安倍首相は、八月二八日に健康上の理由により退陣を表明、後継首相には、第二次安倍内閣発足以来、官房長官を務めてきた菅義偉氏が、安倍政権の政策の継承を訴えて自民党総裁に選出され、九月一六日に菅氏を首班とする新内閣が発足しました。しかし、その菅首相も、就任後四〇日間も国会を召集せず、新首相の所信表明演説も行われないままの事態がつづいていています(一〇月二六日にようやく臨時会が召集される予定となっています)。

8 もう一つの緊急事態宣言——「原子力緊急事態宣言」

(1) 原子力災害特別措置法と原子力緊急事態宣言

ここで、大規模災害に際して実際に発動された緊急事態宣言の前例として、二〇一一年三月一一日の東北地方太平洋沖地震の津波による東京電力福島第一原子力発電所で発生した炉心溶融（メルトダウン）に対する「原子力緊急事態宣言」があります。「原子力災害対策特別措置法」という法律に基づくこの原子力緊急事態宣言が、唯一の緊急事態宣言の発動例ではないかと思われますが、これについて少しだけ触れておきます。なお、災害対策のための緊急事態の定めとして、災害対策基本法上の「災害緊急事態」がありますが、これについては次の章で触れられる予定です。

一九九九年一二月に制定された原子力災害特別措置法は、同年九月三〇日に茨城県東海村のJCO東海事業所で起きた臨界事故をきっかけとして成立しました。この事故では死者二名、重症者一名、被曝者六六七名を数え、半径三五〇メートル以内の住民への避難要請、五〇〇メートル以内の住民への非難勧告、一〇キロメートル以内の住民三一万人への屋内退避が呼び掛けられ、周辺道路の閉鎖、JR東日本の周辺路線の運休、自衛隊への災害派遣要請などがなされました。

原子力災害特別措置法は、原子力緊急事態の発出や緊急事態応急対策の実施などについて定め、原子力災害から国民の生命、身体及び財産を保護することを目的とし（一条）、原子炉の運転等により放射性物質又は放射線が異常な水準で原子力事業所外へ放出された事態を「原子力緊急事態」と規定しています（二条二号）。政令で定められたその基準は、原子力事業所の境界において毎時五〇〇マイクロシーベルト以上の空間放射線量が検出された場合、臨界事故が発生した場合、原子炉運転中に原子炉冷却材が喪失し非常用炉心冷却装置の作動に失敗した場合などとされています。

そして、原子力規制委員会がそのような事態の発生を認めたときは、内閣総理大臣に対し必要な情報の報告を行うとともに、内閣総理大臣が行う原子力緊急事態宣言の案と緊急事態応急対策に関する指示の案を提出し、内閣総理大臣は、その案に基づき「原子力緊急事態宣言」を発し、緊急事態応急対策を実施すべき区域、原子力緊急事態の概要、当該区域内の住民らに対し周知させるべき事項を公示するとともに、当該区域を管轄する市町村長及び都道府県知事に対する緊急事態応急対策事項を指示するものとされています（一五条一項〜三項）。

また、内閣総理大臣は、閣議にかけて内閣府に原子力災害対策本部を設置し、自らが本部長を務め（一六条、一七条）、原子力事業者に緊急事態応急対策に当たらせるとともに（二五条、二六条）、原子力事業者や指定行政機関の長など関係者が行うべき様々な原子力災害事後対策を定めています（二七条以下）。緊急事態宣言の解除については、原子力災害の拡大の防止を図るための応急対策を実施する必要がなくなったと認められるときに、内閣総理大臣が緊急事態解除の宣言を、原子力災害事後対策を実施すべき区域およびその区域内の住民に対して周知させるべき事項とともに、公示することとされています（一五条四項）。

(2) 福島原子力発電所事故と原子力緊急事態の宣言

さて、二〇一一年三月一一日に発生した東北地方太平洋沖地震は、死者一万五八九九人、行方不明二五二九人、重軽傷者六一五七人を出すという未曽有の被害（二〇一九年一二月一〇日時点での警察庁発表）をもたらしましが、同時に、福島第一原発のメルトダウンをも引き起こしました。このとき、原子力規制委員会からの通報を受けて、同日一九時一八分に内閣総理大臣が「原子力緊急事態宣言」を発し、二一時二三分に三キロメートル圏内の住民に対して避難指示を出しました。避難指示区域は、後に二〇キロメートル圏内および第一原発の北西に位置する町村へと拡大されました。また、翌一二日には、福島第二原子力発電所についても緊急事態宣言が発せられていますが、こちらについては大事には至らず、応急対策を実施する必要がなくなったとして同年一二月二六日に緊急事態解除宣言がなされています。

しかしながら、福島第一原発については、一部区域について避難指示が段階的に解除され、帰還困難区域が限定されてきたとはいうものの、二〇二〇年三月一〇日時点においても、いまなお双葉町のほぼ全域、大熊町と浪江町の大半、近隣の南相馬市、富岡町、葛尾村、飯館村の一部地域の避難指示は解除されず、帰還困難区域として存置されたままとなっています。原子力災害対策特措法上は、原子力災害対策本部長である内閣総理大臣が原子力緊急事態宣言を解除することができるとされていますが、もし緊急事態宣言を解除すれば、原子力災害対策本部がなくなってしまうため、帰還困難区域を解消し、避難指示を解除できなくなってしまうことになります。要するに、帰還困難区域が残されていて避難指示がつづいている限り、緊急事態宣言を解除できないということになります。

かくして、今もなお福島第一原発事故をきっかけとして発せられた「原子力緊急事態宣言」は発令中でありつづけていて、宣言解除の目途は立っていない状況です。

9　新型コロナウイルス緊急事態宣言への多くの疑問と教訓

（1）新型コロナウイルス緊急事態宣言への疑問と検証の前提となる情報の公開の必要性

ここまで、新型コロナウイルス感染症対策を理由とする「緊急事態宣言」について、さまざまな観点からみてきました。その結果、次のような多くの疑問に行き当たります。

第一に、四月七日の緊急事態宣言における対象区域と期間の設定や四月一六日の対象区域を全国に拡大した決定は、どのような科学的根拠に裏付けられた判断であったのか。また、当初の期間が五月三一日まで延長された後、その期間満了を待たずに、五月二一日に一部地域について緊急事態が解除、五月二五日には全面解除されるに至りましたが、その解除の前倒しはどのような根拠に基づくものなのか、逆にいえば、四月七日の緊急事態宣言と一六日の対象区域の拡大に際しての対象区域と期間の設定に問題はなかったのでしょうか。

第二に、七月下旬から八月上旬にかけての時期の感染拡大の第二波のピーク時の八月七日には一日の新規感染者数が一六〇四人に達し（しかし、政府はこれを感染拡大の第二波とは認めていません）、第一波ピーク時（四月一一日の七二〇人）と比較にならないほどの新規感染者の発生が見られますが、なぜ緊急事態の再宣言がなされなかったのか、その緊急事態再宣言の回避はどのような根拠に基づいたものだったのでしょうか。

第三に、九月に入って新規感染者数は減少傾向にあるとはいうものの、例えば、九月一〇日の新規感染者数七一一人という数は、緊急事態宣言が出された後の感染拡大の第一波ピーク時の四月一一日の新規感染者数が七二〇人であったのと比べても、決して楽観視できるような水準であるとはいえないように思われます。しかし、七月二二日からの連休に合わせてＧｏＴｏトラベルキャンペーンが開始され、その東京除外の措置も一〇月一日から解除されました。大規模イベントの入場制限要請についても九月一九日から制限が緩和され、飲食店などの休業要請や営業時間の短縮要請も次々に緩和あるいは解除されてきていますが、そのことに科学的で合理的な根拠はあるのでしょうか。

二〇二〇年四月七日に発せられた新型コロナウイルス緊急事態宣言を検証してみると、これだけ多くの疑問が残ります。これらの疑問に答えるためには、その時々になされた政府の決定の根拠とされたデータを詳しく検証してみる必要があります。しかしながら、すでに触れたように、政府の連絡会議や対策本部会議の会議録は無きに等しいもので、専門家会議やその後身である分科会についても、委員に自由な発言を保障するためとして議事録を残しておらず、その点を批判されて議事録を作成することになりましたが、その公開は国立公文書館に移管される十年後になるとされています。これでは、緊急を要する新型コロナウイルス感染症対策が科学的な根拠に基づいて的確になされるのは不可能です。このような事態を改善していくためには、関連する情報の十分な公開が必要不可欠であることを強調しておきたいと思います。

(2) 政治と科学の役割分担と両者の関係のあり方について

また、政治と科学との関係、両者の役割分担も問われました。二月一四日に政府の対策本部に設置された新型コロナウイルス感染症対策専門家会議は、六月末まで、医学的な見地から対策本部の決定に助言を行ってきました。特措法は、政府行動計画案の作成、基本的対処方針の決定や変更に際しては、「感染症に関する専門的な知識を有する者その他の学識経験者の意見を聴かなければならない」（六条五項、一八条四項）としています。緊急事態宣言の発令に際しては基本的対処方針の変更が必要とされていますから（三二条六項）、緊急事態の宣言に際しても、当然に「感染症に関する専門的な知識を有する者その他の学識経験者の意見」が聴取されることになります。

そして、実際にも、二月以降、さまざまな機会に医学的見地から政府に助言を行ってきました。しかしながら、その権限や責任があいまいなまま、新型コロナウイルス感染症対策やそのための国民の行動のあり方などについて積極的に発信をしてきた結果、批判も出てきました。専門家会議が感染症の現状を分析し、それを評価して政府に提言をする役割を担い、政府はその提言をふまえて政策を決定し、実行する責任を負うという、科学と政治の役割分担が不明確になり、両者の関係や距離感が不明確であるという批判です。政府本部長である内閣総理大臣の記者会見に専門家会議副座長の尾身氏が同席し、政府の決定の根拠について意見を述べることがたびたび見られたため、国の対策を専門家会議が決めているかのような印象ももたれました。

政府対策本部の決定について政府対策本部長である内閣総理大臣の説明が、「専門家の意見」に寄りかかりすぎて、自らの立場が必ずしも明確ではなく、説得力を欠いたこともそのような印象を生む一因となりました。そのため、七月三日に、専門家会議は廃止され、改正特措法に基づく「新型コロナウイルス感染症対策分科会」に改組されることになりました。専門家の知見と政治の決断との役割分担を明確にし、透明性の高い議論を積み重ねることができていたならば、このような誤解は生じなかったでしょう。新型コロナウイルス感染症対策の今後に大きな教訓を残したといえます。

新型インフルエンザ等対策特措法に基づく「緊急事態宣言」は、それこそ「国民生活及び国民経済に甚大な影響を及ぼ〔す〕」ものであるだけに、権力の座にあるごく少数の人たちの思い込みや思い付きで発出されるべきものではなく、十分な科学的根拠に基づく判断によって支えられる必要があります。特措法が権力者の思い込みや思い付きの行動をチェックできる仕組みを十分に備えているかどうか、法改正を議論する際には改めて問い直してみる必要があるのではないでしょうか。

それにもかかわらず、新型コロナウイルス感染症の感染拡大を奇貨として、緊急事態条項を憲法に明記すべきだとする改憲論が声高に主張されています。しかし、そのような主張が、いかに的外れな主張であるかについては、次章で検討されます。

〈参照条文〉新型インフルエンザ等対策特別措置法（二〇一二年、法律三一号）抜粋

（基本的人権の尊重）
第五条　国民の自由と権利が尊重されるべきことに鑑み、新型インフルエンザ等対策を実施する場合において、国民の自由と権利に制限が加えられるときであっても、その制限は当該新型インフルエンザ等対策を実施するため必要最小限のものでなければならない。

（新型インフルエンザ等緊急事態宣言等）
第三二条　政府対策本部長は、新型インフルエンザ等（国民の生命及び健康に著しく重大な被害を与えるおそれがあるものとして政令で定める要件に該当するものに限る。以下この章において同じ。）が国内で発生し、その全国的かつ急速なまん延により国民生活及び国民経済に甚大な影響を及ぼし、又はそのおそれがあるものとして政令で定める要件に該当する事態（以下「新型インフルエンザ等緊急事態」という。）が発生したと認めるときは、新型インフルエンザ等緊急事態が発生した旨及び次に掲げる事項の公示（第五項及び第三四条第一項において「新型インフルエンザ等緊急事態宣言」という。）をし、並びにその旨及び当該事項を国会に報告するものとする。
1　新型インフルエンザ等緊急事態措置を実施すべき期間

2　新型インフルエンザ等緊急事態措置（第四六条の規定による措置を除く。）を実施すべき区域

3　新型インフルエンザ等緊急事態の概要

二　前項第1号に掲げる期間は、二年を超えてはならない。

三　政府対策本部長は、新型インフルエンザ等のまん延の状況並びに国民生活及び国民経済の状況を勘案して第一項第1号に掲げる期間を延長し、又は同項第2号に掲げる区域を変更することが必要であると認めるときは、当該期間を延長する旨又は当該区域を変更する旨の公示をし、及びこれを国会に報告するものとする。

四　前項の規定により延長する期間は、一年を超えてはならない。

五　政府対策本部長は、新型インフルエンザ等緊急事態宣言をした後、新型インフルエンザ等緊急事態措置を実施する必要がなくなったと認めるときは、速やかに、新型インフルエンザ等緊急事態解除宣言（新型インフルエンザ等緊急事態が終了した旨の公示をいう。）をし、及び国会に報告するものとする。

六　政府対策本部長は、第一項又は第三項の公示をしたときは、基本的対処方針を変更し、第一八条第二項第3号に掲げる事項として当該公示の後に必要とされる新型インフルエンザ等緊急事態措置の実施に関する重要な事項を定めなければならない。

（感染を防止するための協力要請等）

第四五条　特定都道府県知事は、新型インフルエンザ等緊急事態において、新型インフルエンザ等のまん延を防止し、国民の生命及び健康を保護し、並びに国民生活及び国民経済の混乱を回避す

るため必要があると認めるときは、当該特定都道府県の住民に対し、新型インフルエンザ等の潜伏期間及び治癒までの期間並びに発生の状況を考慮して当該特定都道府県知事が定める期間及び区域において、生活の維持に必要な場合を除きみだりに当該者の居宅又はこれに相当する場所から外出しないことその他の新型インフルエンザ等の感染の防止に必要な協力を要請することができる。

二 特定都道府県知事は、新型インフルエンザ等緊急事態において、新型インフルエンザ等のまん延を防止し、国民の生命及び健康を保護し、並びに国民生活及び国民経済の混乱を回避するため必要があると認めるときは、新型インフルエンザ等の潜伏期間及び治癒までの期間を考慮して当該特定都道府県知事が定める期間において、学校、社会福祉施設（通所又は短期間の入所により利用されるものに限る。）、興行場（興行場法（昭和二三年法律第一三七号）第一条第一項に規定する興行場をいう。）その他の政令で定める多数の者が利用する施設を管理する者又は当該施設を使用して催物を開催する者（次項において「施設管理者等」という。）に対し、当該施設の使用の制限若しくは停止又は催物の開催の制限若しくは停止その他政令で定める措置を講ずるよう要請することができる。

三 施設管理者等が正当な理由がないのに前項の規定による要請に応じないときは、特定都道府県知事は、新型インフルエンザ等のまん延を防止し、国民の生命及び健康を保護し、並びに国民生活及び国民経済の混乱を回避するため特に必要があると認めるときに限り、当該施設管理者等に対し、当該要請に係る措置を講ずべきことを指示することができる。

四 特定都道府県知事は、第二項の規定による要請又は前項の規定による指示をしたときは、遅滞なく、その旨を公表しなければならない。

（土地等の使用）

第四九条　特定都道府県知事は、当該特定都道府県の区域に係る新型インフルエンザ等緊急事態措置の実施に当たり、臨時の医療施設を開設するため、土地、家屋又は物資（以下この条及び第七二条第一項において「土地等」という。）を使用する必要があると認めるときは、当該土地等の所有者及び占有者の同意を得て、当該土地等を使用することができる。

二　前項の場合において土地等の所有者若しくは占有者が正当な理由がないのに同意をしないとき、又は土地等の所有者若しくは占有者の所在が不明であるため同項の同意を求めることができないときは、特定都道府県知事は、臨時の医療施設を開設するため特に必要があると認めるときに限り、同項の規定にかかわらず、同意を得ないで、当該土地等を使用することができる。

（物資及び資材の供給の要請）

第五〇条　特定都道府県知事又は特定市町村長は、新型インフルエンザ等緊急事態において、新型インフルエンザ等緊急事態措置の実施に当たって、その備蓄する物資又は資材が不足し、新型インフルエンザ等緊急事態措置を的確かつ迅速に実施することが困難であると認めるときは、特定都道府県知事にあっては指定行政機関の長又は指定地方行政機関の長に対し、特定市町村長にあっては特定都道府県知事に対し、それぞれ必要な物資又は資材の供給について必要な措置を講ずるよう要請することができる。

第二章　大規模災害と緊急事態条項――自民党たたき台素案の検討

大江　京子

1　はじめに

（1）自民党「たたき台素案」の緊急事態対応

自由民主党（以下「自民党」といいます）は、二〇一八年三月二五日の党大会において、四項目の改憲条文イメージをとりまとめ、憲法改正を進めることを決定しました。その後、自民党憲法改正推進本部が発表した「日本国憲法改正の考え方『条文イメージ（たたき台素案）』（以下「たたき台素案」と言います）」によると、「緊急事態対応」として、以下の改憲条文案が示されています。

【緊急事態対応】

第七三条の2　大地震その他の異常かつ大規模な災害により、国会による法律の制定を待ついとまがないと認める特別の事情があるときは、内閣は、法律で定めるところにより、国民の生命、身体及び財産を保護するため、政令を制定することができる。

二　②内閣は、前項の政令を制定したときは、法律で定めるところにより、速やかに国会の承認を求めなければならない。

第六四条の２　大地震その他の異常かつ大規模な災害により、衆議院議員の総選挙又は参議院議員の通常選挙の適正な実施が困難であると認めるときは、国会は、法律で定めるところにより、各議院の出席議員の三分の二以上の多数で、その任期の特例を定めることができる。

これらの規定は、一般に、緊急事態条項と呼ばれています。

（２）大規模災害が起きるたびに繰り返される緊急事態条項創設改憲論

二〇一一年一二月一日に開かれた衆議院憲法審査会において、当時民主党の山尾志桜里議員は、「私たちは、三・一一を経験しました。いかなる努力をもってしても防ぎ切れない非常事態が現に起きるんだということを、日本の国民全員が経験し、あるいは目の当たりにしました。非常事態において、まさに危機にさらされている国民の生命・財産など究極の人権を守るために、内閣総理大臣に権限を集中して、人権を平時よりも制約することが必要となる場合があり得ます」と発言をしました。

また、新型コロナウイルスの感染拡大が問題となっていた二〇二〇年一月三〇日、伊吹文明元衆議院議長は、派閥の会合で、憲法改正の必要性を説き、新型コロナウイルスの感染拡大は「憲法改正の大きな一つの実験台」、「公益を守るために個人の権利をどう制限していくかという緊急事態（条項）の一つの例としてね」などと発言しました。翌三一日には、下村博文元文部科学大臣が、「人権も大事だが、公共の福祉も大事だ。直接関係ないかもしれないが、(国会での)議論のきっかけにすべきではないか」などと発言しています。

同年五月三日　安倍首相は、「そもそも現行憲法においては、緊急時に対応する規定は、参議院の緊急集会しか存在していないのが実情です。今回のような未曽有の危機を経験した今、緊急事態において、国民の命や安全を何としても守るため、国会や国民がどのような役割を果たし、国難を乗り越えていくべきか。そしてそのことを憲法にどのように位置づけるか(中略)、自民党がたたき台としてすでにお示ししている改憲四項目の中にも、『緊急事態対応』は含まれておりますが、まずは、国会の憲法審査会の場で、じっくりと議論を進めていくべきであると考えます」と、改憲派の集会にメッセージを寄せました。

このように、阪神・淡路大震災、東日本大震災などの大規模な自然災害が起きるたびに、あるいは、今回のような新型コロナウイルス感染拡大のような事態が起きると、「今の憲法には緊急事態条項がないから、こうした事態に対応できない」とする発言が、自民党議員などの改憲派から当たり前のように繰り返されます。

本章では、大規模災害に対応するために、憲法に緊急事態条項を創設する改憲が本当に必要なのか、自民党たたき台素案緊急事態対応の問題点と狙いがどこにあるのかについて検討します。

2　緊急事態条項（国家緊急権）とは何か

(1)　緊急事態条項（国家緊急権）とは何か

国家緊急権とは、戦争・内乱・恐慌・大規模災害など、平時の統治機構をもっては対処できない非常事態において、国家の存立を維持するために、立憲的な憲法秩序を一時停止して非常措置をとることのできる権限をいいます。その権限を予め一定の国家機関に授権する規定を緊急事態条項といいます。

自民党たたき台素案の規定は、いずれも平時の統治機構をもっては対処できない緊急事態というものを想定して、憲法秩序を一時停止する特例措置を定めていますので、緊急事態条項（国家緊急権）の一つといえます。

緊急事態条項（国家緊急権）の核心は、①平時の統治機構をもって対処できない緊急事態の想定、②国家の存立維持を目的とすること、③憲法秩序を停止して、特定の国家機関（大統領や政府などの行政機関）に権力を集中させる点にあります。

この緊急事態条項（国家緊急権）は、立憲的な憲法秩序を一時的にせよ停止し、行政府への権力の集中と強化を図って危機を乗り切ろうとするものですので、立憲主義を破壊する大きな危険性を持つと指摘されています（芦部信喜・高橋和之『憲法』第七版）。

実際に、諸外国で、また、大日本帝国憲法下の日本においても、この緊急事態条項が濫用されて未曽有の人権侵害が引き起こされました。ナチス・ヒトラーが、ワイマール憲法四八条（大統領緊急令）を濫用して独裁政権を樹立し、ヨーロッパ全土にわたる戦争を遂行するとともにユダヤ人の大虐殺を行った歴史はその代表例です（緊急事態条項が濫用された実例は、第三章をご参照ください）。

（2）日本国憲法と緊急事態条項

大日本帝国憲法では、緊急事態に天皇に権限を集中させる、①緊急勅令制定権（八条）、②戒厳宣告の大権（一四条）、③非常大権（三一条）、④緊急財政措置権（七〇条）の四つの緊急事態条項（国家緊急権）が規定されていました。

日本国憲法制定（大日本帝国憲法の改正）が議論された第九〇回帝国議会において、金森徳次郎国務大臣は、以下のとおり、日本国憲法に緊急事態条項を設けない理由を述べています。

「緊急勅令其の他に付きましては、緊急勅令及び財政上の緊急処分は、行政当局者に取りましては実に調法なものであります。しかしながら調法と云う裏面に於きましては、国民の意思を或る期間有力に無視し得る制度であると云うことが言えるのであります。だから便利を尊ぶか、或いは民主政治の根本の原則を尊重するか、こう云う分れ目になるのであります。」

「民主政治を徹底させて国民の権利を十分擁護致します為には、左様な場合の政府一存に於いて行いまする処置は、極力之を防止しなければならぬのであります。言葉を非常と云ふことに藉りて、その大いなる途を残して置きますなら、どんなに精緻なる憲法を定めましても、口実を其処に入れて又破壊せられる虞れ絶無とは断言し難いと思います。したがって、この憲法は左様な非常なる特例を以て―謂わば行政権の自由判断の余地を出来るだけ少くするように考えた訳であります。したがって、特殊の必要が起りますれば、臨時議会を召集してこれに応ずる処置をする。又衆議院が解散後であって処置の出来ない時は、参議院の緊急集会を促して暫定の処置をする。同時に他の一面に於て、実際の特殊な場合に応ずる具体的な必要な規定は、平素から濫用の虞なき姿に於て準備するように規定を完備して置くことが適当であろうと思う訳であります。」

（カタカナを平仮名に、旧仮名遣いを一部改め、漢字の一部を平仮名に、一部句点を挿入しました）

このように、非常事態の際に大日本帝国憲法の緊急勅令、緊急財政措置、非常大権のような緊急事態条項を設けておく必要がないかという質問に対して、金森徳次郎国務大臣は答弁しています。立憲主義・民主主義の原理を徹底した堂々たる答弁だと思います。

この金森国務大臣の答弁の中に、日本国憲法の緊急事態に対する考え方が端的に述べられているのです。すなわち、こういうことです。

行政当局者（政府）にとっては、緊急事態条項は実に調法（便利）な規定であるが、政府にとって使い勝手がいい、調法（便利）だということは、それは反面においては、国民の意思は無視できる、つまり独裁的に権力を行使することが可能ということである。民主政治を徹底し国民の権利を十分に擁護するためには、緊急の事態に際して、このように政府が独断で権力を行使することを極力防止しなければならない。緊急事態条項は、たとえどんなに精緻に要件を定めたとしても、「非常」ということを口実に、濫用される恐れを否定することはできない。だから、緊急事態条項はあえて規定しないことにした。憲法に緊急事態条項の規定を置かないからといって、憲法が、非常・緊急の場合についての対応を用意していないわけではない。緊急の事態に備えて憲法は、①内閣が、臨時会を召集して、国会で緊急事態に対応する措置をとること（憲法五三条）、②衆議院が解散されているときは、内閣は、参議院の緊急集会を求めて、暫定の措置をとること（憲法五四条二項但書）としている。

そして、何より重要なことは、実際に予想できる特殊な緊急事態に備えて、平素から、対応を考えて準備をしておくことである。そのために、法律が必要な場合は、濫用の虞れがないよう十分に国会で審議を尽くして、規定（法令）を完備しておくことが重要である。

以上が、日本国憲法の緊急事態条項に対する考え方であり、非常の事態に対応するための用意です。憲法制定過程の国会審議と政府答弁から明らかなことは、日本国憲法に緊急事態条項が定められていないのは、うっかり忘れたとか、法の欠缺《けんけつ》（不備）とかいうことではなく、権力の濫用の危険を考慮し、民主主義と個人の人権の保障を徹底するために、「あえて設けなかった」という積極的な選択があったということです。そして、平素から、大規模災害やパンデミック等の非常事態に備えて、いざという時に混乱のないよう、被害を最小限におさえられるよう、権力の濫用を防止して人権が守られるように、国会で十分に議論を尽くして準備を怠らないようにするのが、日本国憲法の考え方であるということです。

（3）「緊急事態宣言」と「緊急事態条項」は別物であること

自民党たたき台素案の緊急事態対応改憲論を検討するうえで、もうひとつ押さえておくべきことがあります。それは、第一章で検討した、今年四月七日に、新型インフルエンザ等対策特別措置法に基づき宣言された「緊急事態宣言」と本章や第三章で検討する「緊急事態条項（国家緊急権）」とは、まったく別の次元の異なる考え方であるということです。これをしっかりと区別することが必要です。

先に見たように、安倍首相（当時）など改憲派は、新型コロナウイルスの感染拡大に乗じて、憲法改正の必要性を唱えています。これは、「緊急事態宣言」と「緊急事態条項」を同質あるいは連続的なものととらえて、国民（市民）を誤導するもので、注意しなければなりません。

まったく別の次元の異なる考え方という意味は、以下の通りです。

たたき台素案で自民党が狙うのは、緊急事態条項を憲法に創設しようとする改憲です。国家緊急権（緊急事態条項）は、立憲的憲法秩序を停止することに本質があります。憲法を無視することを予め憲法自身が許すものです。それは、憲法を停止して、行政権力（大統領・首相など）に一種の独裁を許すことで、国家の非常事態に対応しようとする発想です。日本国憲法がこの考え方を拒否したことは、前述のとおりです。

これに対して、第一章で検討した「緊急事態宣言」は、あくまで立憲的憲法秩序のもとで、国会が審議をして、パンデミック・感染症拡大という特殊な事態（非常事態）に対応する措置を、憲法の制約の下で、民主主義の原理に基づき、法律により定めるものです。一定の範囲で個人の人権が制限されたり、内閣や総理大臣に通常の場合には認められない特別の権限を与えたり、平素は違法とされる行為を、例外的に違法としない仕組みを定めたりしますが、これらの措置は、憲法が国会や内閣に対して授権した範囲内で許されます。金森国務大臣が、「実際の特殊な場合に応ずる具体的な必要な規定は、平素から濫用の虞なき姿に於て準備するように規定を完備して置くことが適当であろうと思う」と述べたことは、このことを指しています。

「緊急事態条項」と「緊急事態宣言」は、言葉は似ていますが、「憲法の停止」か「憲法の下で」かというように、中身が天と地ほどに違うのです。

3　立憲主義と憲法改正の関係

たたき台素案は、憲法を改正して、緊急事態条項を設けるという改憲案ですので、その中身を検討する前に、立憲主義と憲法改正についての基本を押さえておきます。

立憲主義とは、国家権力を制限して、国民（市民）の人権を保障するという考え方です。近代的意味の憲法は、この立憲主義に基づくものであり、立憲主義的憲法とも呼ばれています。日本国憲法も、最高法規である憲法により国家権力を制限して、国民（市民）の人権を保障するという立憲主義を基本理念としています。

立憲主義の原理は、「法の支配」の原理と密接に関連します。法の支配の原理とは、専断的な人の支配を排斥し、権力を法で拘束することによって、国民の権利・自由を保障するという原理をいいます。

個人の自由と人権を守るために、国家権力を縛るのが憲法の目的です。そのために、憲法は、国の最高法規とされ、憲法に違反する法律、命令、詔勅及び国務に関するその他の行為はその効力を有しない（憲法九八条一項）とされます。

そして、憲法が、時の内閣の一存で、あるいは首相の一存で、あるいは多数派の国会議員によって簡単に変えることができるとなれば、権力を縛って国民（市民）の人権を保障しようとした立憲主義は絵に描いた餅となってしまいます。そのため、憲法の改正は、法律制定の手続などよりも厳しく定められているのです。これを硬性憲法の技術といいます。憲法九六条一項は、「この憲法の改正は、各議院の総議員の三分の二以上の賛成で、国会が、これを発議し、国民に提案してその承認を経なければならない。この承認には、特別の国民投票又は国会の定める選挙の際行われる投票において、その過半数の賛成を必要とする」と憲法改正手続を定めています。法律が、原則として衆参両議院で出席議員の過半数の賛成で成立する（憲法五九条一項、同五六条一項、二項）のに対し、憲法の改正はよりハードルが高く設定されているのです。

では、憲法改正の発議は、国会議員の三分の二以上の賛成がありさえすれば、その内容に関わらず許されるのでしょうか。

それは許されません。立憲主義原理のもと最高法規とされた憲法改正の発議が許されるのは、国民の自由や人権を保障する上で、既存の憲法規定が障害となっていて、憲法を改正しないと適切な国家権力の行使ができない場合に限られます。法律や規則を制定・改正すれば済む問題や、法律を待たずに政府が、政策として実施すれば済むような事柄についてまで憲法を改正する必要はなく、国会で十分な議論をして法律を制定・改正したり、国政選挙によって必要な政策を実現する政党・政府を選ぶことにより解決すべき問題なのです。

このような事柄についてまでいちいち改憲の発議を行うことは、憲法九六条が許すところではなく、発議権の濫用として許されません。また、憲法はそもそも国家権力（国会に与えられた立法権・内閣に与えられた行政権・裁判所に与えられた司法権）を制限する基礎法ですので、逆に、新たな国家権力（その筆頭が「軍隊」です）を創設したり、国家権力を増大・強化する方向での憲法改正論には、立憲主義の観点から最大限の注意が必要です。

4　自民党たたき台素案の問題点

（1）大規模災害対策のために改憲が必要か

（ア）「たたき台素案Q&A」が挙げる改憲の必要性

二〇一九年二月、自民党は、「日本国憲法改正の考え方～『条文イメージ（たたき台素案）』Q&A」（以下「たたき台素案Q&A」といいます）を作成して同党の国会議員らに配布し、活用を指示しました。その中に、以下の説明があります。

「現在、南海トラフ地震や首都直下型地震などの発生が相当の確率で想定されており、国家中枢が機能不全に陥るなど甚大な被害も考えられるところです。そこで、大規模自然災害などの緊急事態時において、『国民の生命と財産を守る』ために必要な規定をあらかじめ憲法上整備しておく必要があると考えました。」

自民党が言うように、大規模災害対策のためには、緊急事態条項を創設する憲法改正が、本当に必要なのでしょうか。以下、現行の法制度を見てみましょう。

（イ）憲法に緊急事態条項がないと大規模災害に対応できないのか

答えは、ＮＯです。日本国憲法の下で、大規模自然災害に備えて高度に整備された法制度と体制がすでに十分に存在しています。

●災害対策基本法

甚大な被害をもたらした一九五九年九月の伊勢湾台風をきっかけに、災害対策基本法が制定され、その後数次にわたる改正を重ねています。災害対策基本法は、以下の通り規定しています。

非常災害が発生し、かつ、当該災害が国の経済及び公共の福祉に重大な影響を及ぼすべき異常かつ激甚なものである場合に、内閣総理大臣は、災害緊急事態の布告を発することができる（一〇五条一項）。

この布告があったとき、次の措置が採られる。

①内閣総理大臣は、臨時に内閣府に緊急災害対策本部を設置する（一〇七条、二八条の2）。緊急災害対策本部長には内閣総理大臣が就任する（二八条の3、一項）。緊急災害対策本部には、緊急災害現地対策本部を置くことができる（二八条の3、八項）。緊急災害対策本部長は、関係指定

行政機関の長等に必要な指示をしたり（一一八条の6、二項）、資料又は情報の提供、意見の表明その他必要な協力を求めたりすることができる（同条三項）。

②政府は、災害緊急事態への対処に関する基本的な方針を定める（一〇八条）。

③内閣は、国の経済の秩序を維持する等の緊急の必要がある場合において、国会が閉会中又は衆議院が解散中であり、かつ、臨時会の召集を決定し、又は参議院の緊急集会を求めてその措置を待ついとまがないときは、緊急措置として政令を制定することができる。

政令の対象は、（i）生活必需物資の配給又は譲渡若しくは引渡の利用制限若しくは禁止、（ii）物の価格等の統制、（iii）金銭債務の支払い延期等、（iv）外国からの救助の受け入れの合計四点である（一〇九条一項、一〇九条の2）。政令には刑罰を付すことができる（一〇九条二項）。政令を制定したときは、内閣は直ちに国会又は参議院の緊急集会で承認を求めなければならない（一〇九条四項）。政令に代わる法律が制定されたときは、その法律の施行と同時に、その法律が制定されないこととなったときは、制定されないこととなったときに、その効力は失われる（一〇九条五項）。

④内閣総理大臣は、国民に対し、国民生活との関連性が高い物資等をみだりに購入しないこと等の協力を要求することができる（一〇八条の3）。

⑤市町村長は、（i）設備物件の占有者、所有者又は管理者に対して当該設備又は物件の除去、保安その他必要な措置を採ることを指示できる（五九条一項）、（ii）居住者等に対し避難のための立ち退きを勧告し、立ち退きを指示することができる（六〇条一項）。（iii）居住者等に対し、屋内待避その他屋内における避難のための安全確保措置を指示できる（六〇条三項）。（iv）警戒区域を設定し、立ち入りを制限、禁止、退去を命ずることができる（六三条一項）、（v）他

人の土地・建物その他の工作物を一時使用し、土石竹木その他の物件を使用し、若しくは収用できる（六四条一項）。(vi) 現場の災害を受けた工作物又は物件の除去その他必要な措置を採ることができる（六四条二項）。(vii) 住民又は現場にある者を応急措置の業務に従事させることができる（六五条一項）。

●大規模地震対策特別措置法

内閣総理大臣は、気象庁長官から地震予知情報の報告を受けた場合において、地震防災応急対策を実施する緊急の必要があると認めるときは、地震災害に関する警戒宣言を発するとともに、住民等へ警戒態勢を執るべき旨を公示する等一定の措置を執らなければならない（九条一項）。

警戒宣言を発したとき、次の措置が執られる。

①内閣総理大臣は、臨時に内閣府に地震災害警戒本部（以下「警戒本部」という。）を設置する（一〇条一項）。警戒本部長には内閣総理大臣が就任する（一一条一項）。警戒本部は、所管区域において指定行政機関の長等が実施する地震防災応急対策又は災害応急対策（以下「地震防災応急対策等」という。）の総合調整等を行う（一二条）。

②警戒本部長は、関係指定行政機関の長等に対し、必要な指示を行うことができる（一三条一項）。

③警戒本部長は、防衛大臣に対し、自衛隊の部隊の派遣を要請することができる（一三条二項）。

●警察法

内閣総理大臣は、大規模な災害で治安の維持のために特に必要があると認めるときは、緊急事態の布告を発することができ（七一条一項）、内閣総理大臣が警察庁長官を直接指揮監督し、一時的に警察を統制することができる（七二条）。

●自衛隊法

都道府県知事等は、天災地変その他の災害に際して、防衛大臣等に自衛隊の派遣を要請することができ（八三条一項）、要請を受けた防衛大臣等は救援のために自衛隊を派遣することができる（八三条二項本文）。ただし、特に緊急を要し、要請を待ついとまがないと認められるときは、要請を待たないで自衛隊を派遣することができる（八三条二項但書）。

●災害救助法

都道府県知事等は、（i）医療、土木建築工事又は輸送関係者を救助に関する業務に従事させることができる（七条一項）。これには罰則がある（三二条一号）。（ii）救助を要する者及びその近隣の者を救助に関する業務に協力させることができる（八条）。（iii）病院、診療所、旅館等を管理し、土地家屋物資を使用し、物資の生産等を業とする者に物資の保管を命じ、収用できる（九条一項）。これには罰則がある（三二条二号）。（iv）職員に施設、土地、家屋、物資の所在場所、保管場所に立ち入り検査させることができる（一〇条一項）。これには罰則がある（三四条）。

（ウ）まとめ

上記のとおり、災害対策の法制度は、すでに十分すぎるほど完備されています。大規模災害が発生し、災害が異常・激甚などのときには、内閣総理大臣は宣言や布告等を行い、国会の統制下において、一定範囲で内閣に政令制定権を認め、また、内閣総理大臣に権限を集中しています。

災害対策基本法の制定が審議された国会では、特に内閣に緊急政令を認めることは、大日本帝国憲法下の緊急勅令と同じいつか来た道で、国会の立法権を侵害し、濫用の危険があるのではないかと二国会（第三九回臨時国会、第四〇回通常国会）にわたり喧々諤々の議論がありました。結局、憲法学者三名を招き口述してもらって、①法律の明確な委任、②国会による統制、③委任事項の範囲が具体的などの理由で、合憲であるとして制定された経緯があります。

人権の制限（財産権の制限や労働従事義務）も一定の範囲で認められました。災害救助法には、都道府県知事の強制権が定められています。また、災害対策基本法には、市町村長の強制権が定められています。このように、地震などの大規模自然災害については、現行の法制度の運用と改善で十分に対応可能であり、改憲して緊急事態条項を創設する必要性はまったくありません。

東日本大震災をはじめとする大規模災害が起きるたびに、政府が迅速に対応出来なかったのは、憲法に緊急事態条項（国家緊急権）の規定がないからだという主張が繰り返されます。しかし、政府が迅速・適切に対応できなかった原因はほかにあります。高度に整備された法制度があるにもかかわらず平時から災害に備えた事前の準備がほとんどなされていなかったことが最大の要因です。せっかく法律があっても、事前に準備をしていないためにそれをうまく運用できなかったということです。また、そもそもを言えば、たとえば洪水被害を防ぐための正しい河川整備計画がなされているか、実際の河川対策は優先順位を踏まえた合理的なものになっているかという基本的な議論や検証、原発は安全であるとの誤った神話を振りまいて必要な安全対策や避難計画の策定等を怠ってはいなかったかの検証など、災害の経験を真に生かすための検証と対策の樹立こそが不可欠です。さらに、三〇年以上に及ぶ新自由主義政策の推進により、公務員の人数が大幅に減らされて災害対策に必要な人的パワーに不足をきたしていることも、深刻な要因の一つです。

これらのことを、平素から、よく議論して次の災害に備えることこそが、重要なのです。

本気で災害から国民（市民）の命と財産を守る気があるなら、改憲などと騒いでいる暇はないはずです。政府も国会も、現行憲法と法制度のもとで、やらねばならないことは山ほどあるのです。

(2) 大規模災害時に総理大臣に権限を集中させることは合理的なのか

(ア) 災害時の国と地方自治体の役割分担

緊急事態条項（国家緊急権）は、中央政府に権限を集中させることが災害対策に有効であるとの考えに基づきます。しかし、自然災害に直接対応するのは都道府県、市町村などの地方自治体です。被災地域の実情に通じているこれら地方公共団体等こそが災害へのきめ細やかな対応を行うことができるのであり、それが被災者等の人権保障につながるのです。国に権限を集中することは、むしろ災害対策には、有害なのです。

このことは、日本弁護士連合会が二〇一五年（平成二七年）九月に東日本大震災の被災三県の三七市町村に対して実施したアンケート結果にも表れています（二四市町村から回答）。アンケート項目のうち「災害対策・災害対応について市町村の権限は強化すべきか軽減すべきか」との質問に対しては、「権限を強化すべし」との回答は六自治体（二五％）に対し、「現状維持（災害対策基本法により第一義的な災害対策の権限は市町村に委ねられている現在の制度の維持）」は一七自治体（七一％）、「権限軽減」は一自治体（四％）でした。

「災害対策・災害対応について市町村と国の役割分担はどうすべきか」との質問に対しては、「市町村主導」は一九自治体（七九％）、「場合による」は三自治体（一三％）、「国主導」は一自治体（四％）でした。この「場合による」の内訳は、原則として市町村が主導するが、自治体の規模によっては、国が主導するがひとつ、二つ目は、市町村が主導する。復興は、国が主導するというもので、三つ目は、原則市町村が主導し、大規模災害場合には国が主導するというものでした。ですので、原則として市町村が主導するが九二％ということになります。

何故このような結果になるかというと、災害には顔があるということです。たとえば、阪神大震災では死者の約八割の方が圧死、関東大震災では、死者の八割が焼死、東日本大震災では、死者の八割以上が溺死であるとされています。このように、同じ災害というものはなく、被災者のニーズは災害によって、時間の経過によってどんどん変わります。これらのニーズの情報が直ちに入って、最も的確に迅速に、効果的に対処できるのは、被災者に一番近い自治体である市町村です。国ではありません。しかし、市町村は職員の数が少なく、お金もありません。市町村だけで災害対応ができないこともあります。だから、国は必要な後方支援をしなければなりません。例えば、国が人を派遣し、お金を出す、予算を付けるという支援をすることが求められるのです。

（イ）災害対策・災害対応について憲法は障害になったか

前述の日弁連のアンケートで、この質問に対して、「障害にならない」は二二自治体（九六%)、「なった」は一自治体(四%)でした。この憲法が障害となったと答えた一自治体ですが、何が障害だったかというと「財産権　東日本大震災の瓦礫の取り扱い」と書かれています。しかし、財産権の内容は、公共の福祉に適合するやうに、法律でこれを定める」(憲法二九条二項)とされています。そして、災害対策基本法第六四条二項では、「市町村長は、…現場の災害を受けた工作物又は物件で当該応急措置の実施の支障となるものの除去その他必要な措置をとることができる」と定めており、実は災害によるガレキや自動車などの処理は、法律により対応可能だったのです。

被災経験のある各地の弁護士会からも「東日本大震災の災害対応について国家緊急権規定が存在すれば適切な対応ができたという事実はまったく認められず」(仙台弁護士会)、「被災者の救済と被災地の復興のために何より必要なのは、政府に権力を集中されるための法制度を新設することよりも、むしろ、事前の災害・事故対策を十分に行うとともに、既存の法制度を最大限に活用することである」(福島県弁護士会)などの意見が表明されています。

(ウ)まとめ

以上のとおり、東日本大震災の被災三県の三七市町村に対して日本弁護士連合会が実施したアンケート結果からも明らかなように、実際に災害が起きた時の対応の主役は、あくまで被災地の自治体であって、現場の事情が分からない政府に権力を集中して対応しようとすることは、むしろ被災者救援や災害対応にとっては有害なのです。国がなすべきことは、被災した市町村を後方からバックアップすることであり、それは例えば、人を派遣したり、予算を付けて必要な資金を送ることなのです。

(3) 権力濫用の危険性

(ア) 緊急事態条項が適用されるのは、自然災害に限るのか

たたき台素案七三条の2を読むと、一見、緊急事態条項が適用されるのは、大地震その他の自然災害に限定されるかのようにも思えます。しかし、それに限定される保証はどこにもありません。たたき台素案Q＆Aの説明でも、「大規模自然災害などの緊急事態時において」とわざわざ「など」を入れています。

二〇〇四年に国民の反対を押して制定された「国民保護法」では「武力攻撃により直接又は間接に生じる人の死亡又は負傷、火事、爆発、放射性物質の放出その他の人的又は物的災害」を「武力攻撃災害」と定義しています。

たたき台素案では、いかなる事態を緊急事態とするかは法律により定めるとしていますので、その時の政権多数派与党の意向次第で、「災害」の中に戦争・内乱などを含めることが可能となります。第三章で述べますが、緊急事態条項を憲法に創設する改憲案の真の狙いは、災害対策などではなく、「戦争」にあること、つまり九条の改憲と密接不可分であることを忘れてはなりません。

また、二〇一七年、安倍首相は、北朝鮮のミサイルが頻繁に発射されている事態をもって「国難」と称し、それを理由に衆議院を解散してしまいました。この例でもわかるように、権力者が都合のいいように「災害」を解釈して、緊急事態を宣言し、憲法秩序を停止してしまう危険性が、たたき台素案にはあるのです。

（イ）基本的人権の制限

たたき台素案第七三条の2は、内閣が国会を差し置いて、政令を出せるとしています。しかも、政令の範囲や効果は何も規定されていません。すべて、「法律」により定めるとしています。たたき台素案では、「法律と同一の効力を持つ」政令という文言はありませんが、法律により政令にこのような効果を持たせることも理屈上は可能になります。二〇一二年の自民党改憲草案九九条一項には、「法律と同一の効力を有する政令」と明記されています。それがどのような意味を持つかについては、第三章で詳しく述べておりますので、そちらを参照してください。

憲法は、国家権力を縛り、権力の横暴から国民（市民）の自由と基本的人権を守るために、国の統治機構を定めますが、その統治機構の重要な原理が権力分立と法の支配と国民主権です。権力分立原則とは、立法・行政・司法という国家権力の作用を区別し、それぞれを異なる機関に担当させることで、互いに抑制と均衡を保つ仕組みをいいます。

たたき台素案七三条の2第一項緊急事態条項は、権力分立、法の支配、国民主権という憲法上の重要な原理をいずれも一時停止して、内閣に立法権を与え国会の関与なしに自由と人権の制限ができること認める規定です。このように内閣にいわばフリーハンドで立法権を与える緊急政令の類が如何に悪用されて、国民（市民）の人権を侵害してきたかは、ナチスの例が典型的に示すように歴史が証明しています。

たたき台素案Q＆Aは、以下のように述べています。

「緊急政令の制度は、制度が使われる場面を、大規模災害が発生し、かつ、国会による立法を待っていては間に合わない緊急事態時に限定しています。また、内閣が一時的に立法機能を代替する仕組みであり、今の憲法の下で法律で定めることができる内容以上のものを定めることはできません。そもそも、緊急政令は、あくまで国民の生命や財産を守るための一時的な措置であり、制定された緊急政令は、国会の機能が回復したら、速やかに国会の承認を受けることとしています。(中略) したがって、制度の悪用やいわゆる「独裁」などの危険はありません。」

しかし、第七三条の2第二項は、速やかに国会の承認を求めなければならないとしていますが、国会の承認が必要とは規定していません。ここにもごまかしがあります。また、一時的な措置といいますが、その期限は定められておらず、長期化・恒久化する危険も否定できません。「国民の生命や財産を守る」は、安倍政権の決まり文句ですが、緊急事態条項の本質は、人権の保障ではありません。逆です。国家の存立のために、憲法を停止して人権を制限する仕組みであることを忘れてはなりません。

(4) 憲法を改正して国会議員の任期の延長特例を設ける必要があるか

【たたき台素案第六四条の2】

大地震その他の異常かつ大規模な災害により、衆議院議員の総選挙又は参議院議員の通常選挙の適正な実施が困難であると認めるときは、国会は、法律で定めるところにより、各議院の出席議員の三分の二以上の多数で、その任期の特例を定めることができる。

(ア) 公職選挙法五七条繰延投票制度

たたき台素案Q&Aは、「東日本大震災の際は、翌月に統一地方選挙が予定されていましたが、多くの人が自宅を遠く離れて避難しており、体育館などの投票所となる場所の多くは避難所になりました。住民の安全を確保することが最優先であり、多くの自治体でとても選挙を実施できるような状況になかったため、法律を作って、地方選挙を延期し、議員や知事・市町村長の任期を延長しました。この東日本大震災と同じことが国政選挙の直前に起こった場合を考えてみると、国会議員の任期は憲法に定められているため、法律で延期することはできません。そこで、憲法を改正して、大規模災害によって選挙の実施が難しい場合には、国会自身の判断で、国会議員の任期を延長することができるようにする条文イメージをとりまとめました」としています。

つまり、大災害のために選挙が行えない事態に備えて、国会議員の任期延長のための改憲が必要としているのです。

自然災害により国政選挙ができない時の規定が必要だといわれると、納得する人もいるかもしれません。しかし、たとえば「阪神・淡路大震災」や「東日本大震災」、「熊本地震」など、極めて大規模な地震でしたが、こうした地震が起こったため、「日本全土」で選挙ができないという事態になったでしょうか? そんなことはありません。あり得ない事態を想定して憲法を改正することは、そもそも許されません。

被災しなかった地域は、予定通り選挙を実施し、被災して選挙が困難になった地域では、「天災その他避けることのできない事故により、投票所において、投票を行うことができないとき」には、その地域で期日をさだめて投票を行うことのできる繰延投票制度(公職選挙法五七条)を利用すればよいだけのことです。したがって、改憲の必要性はありません。これが結論です。

なお、憲法五四条一項は、「衆議院が解散されたときは、解散の日から四〇日以内に、衆議院議員の総選挙を行ひ、その選挙の日から三〇日以内に、国会を召集しなければならない」と定めています。そこで、この四〇日を超えて繰延投票を実施できるのかということが一応問題となります。公職選挙法五七条は、衆議院が解散された場合について、特に四〇日以内に投票を行わねばならないとは規定していません。だからといって、これまで公職選挙法五七条が違憲であるとする議論は聞いたことがありません。これは、憲法五四条一項が期間を定めた趣旨から考える問題です。憲法が衆議院解散の場合に限って、選挙や国会召集の期限を定めたのは、衆議院の解散が内閣により行われた後、内閣の専断により選挙の実施を伸ばしたり、あるいは選挙の結果が内閣にとって不都合な場合に、いつまでも国会を召集しないといった濫用が行われることを防止するためです。ですから、そのような内閣の権力濫用ではなく、天災その他避けることのできない不可抗力により投票が不可能な事態については、法律により、四〇日を超えて投票することを認めても、憲法五四条一項に違反することはないと考えられているのです。

（イ）国会が召集できない事態

改憲派は、大規模災害で選挙ができないと国会議員が不在となって国会が召集できないから改憲が必要なのだとも考えているようです。その点も一応検討しましょう。

まず、参議院議員についてですが、憲法は「参議院議員の任期は、六年とし、三年ごとに議員の半数を改選する」（憲法四六条）としています。よって、参議院議員が同院の定足数（総議員の三分の一。憲法五六条一項）を欠くことはあり得ません。したがって、参議院議員について、任期延長特例を改憲により設ける必要性はありません。

他方、衆議院議員の任期については、解散又は任期満了により、同院の議員全員がその資格を喪失するため、その前後に緊急事態が発生し衆議院が組織できない場合が想定できます。しかし、衆議院の解散後に緊急事態が発生した場合でも、参議院議員は存在しているし、仮に参議院議員の任期が満了となっても半数の参議院議員は存在していることから（憲法四六条）、参議院の緊急集会を開催することにより（憲法五四条二項但書）、緊急事態への対応が可能です。そもそも、憲法が、そのような事態をも想定して、参議院の緊急集会を規定したことは、前述のとおりです。

したがって、衆議院の解散後に緊急事態が発生した場合を想定して、憲法上衆議院議員の任期に特例を設ける必要性はありません。

これに対して、衆議院議員の任期満了前に緊急事態が発生したため、予定どおり選挙を実施することができず任期満了が到来することにより、衆議院議員が存在しない事態が生じる場合はどうでしょうか。この場合、「衆議院が解散されたとき」に認められる参議院の緊急集会の規定は文言解釈からすると適用されないことになります。そのため、改憲によりこのような場合に備えて任期延長を認める必要があるのではないかが問題となります。

しかし、任期延長は、延長された間は選挙が実施されないということであり、国民から選挙の機会を奪うことになり、民主政治が貫徹できなくなります。

任期延長を認める場合にその期間も問題となります。現に、一九四一年に衆議院議員の任期が、任期満了前に、立法措置により一年間延期されたことがあります。その理由は、「今日のような緊迫した内外情勢下に、短期間でも国民を選挙に没頭させることは、国政について不必要にとかく議論を誘発し、不必要な摩擦競争を生じせしめて、内外外交上はなはだ面白くない結果を招くおそれがあるのみならず、挙国一致防衛国家体制の整備を邁進しようとする決意について、疑いを起こさしめぬとも限らぬので、議会の任期を延長して、今後ほぼ一年間は選挙を行わぬこととした」というものでした。戦争翼賛体制がまだ整っていなかったことが選挙を行わず任期延長をした理由です。延長期間の間に、真珠湾攻撃を行い、非戦論を封じてアメリカ・連合軍との無謀な戦争に突入したわけです。この実例が示すように、憲法上任期の特例（任期延長）を認めると、内閣が都合の良いように任期を延長し、国民の選挙の機会を奪って権力を濫用する恐れが多分にあります。そのような事態は、国民主権の原理に照らしてきわめて問題であると言わざるを得ません。むしろ、日本国憲法制定当時の金森国務大臣の答弁にみられるように、緊急事態に対しては、あくまでも民主政治を徹底することにより対応すべきなのです。

したがって、このような場合にも、繰延投票（公選法五七条）により選挙を実施することで衆議院議員不在の状況を可及的速やかに回復し、国会（特別会）を召集することで対応すべきであって、それが可能な以上、憲法の改正は必要ありません。なお、過去に任期満了による総選挙が実施されたのはこれまでに一九七六年の一度だけであることも付けくわえておきます。

5　おわりに

(1)　大規模災害対策を口実とする改憲は許されない

以上のとおり、大規模災害対策のために緊急事態条項を創設する改憲は必要ありません。

自民党のたたき台素案の緊急事態条項は、憲法を停止して行政権の権力集中と強化を図るものであり、独裁への道を開く危険性があるもので認めることはできません。たたき台素案は、二〇一二年の自民党の改憲草案と比べると、一見ソフトなようにも見えますが、これは、何としても自分の任期中に改憲をしたいという安倍晋三氏の悲願達成のために、公明党や日本維新の会を抱き込み、また、国民の反発を減らすために考案されたものだからです。しかし、自民党の本音は二〇一二年の自民党憲法草案であり、たたき台素案もその狙いは同じと考えるべきでしょう。

(2) 安倍政治を継承する菅政権の危険な本質

安倍晋三前首相は、今年八月二八日、持病を理由に突然辞任を表明しました。「憲法改正」を悲願に掲げ、戦争法をはじめとする違憲立法を次つぎに成立させ、政治権力を私物化して憲法秩序を破壊してきた安倍政権は終わりを告げました。しかし、九月一六日に成立した後継の菅政権は「安倍政治の継承」を謳い、「憲法改正にも取り組む」とし、敵基地攻撃能力の保有についても前のめりです。菅政権のもとで、衛藤征士郎自民党憲法改正推進本部長は、今年末までに、九条自衛隊明記や緊急事態条項創設などの自民党たたき台素案をベースに、改憲原案に仕上げることと宣言し、改憲原案起草委員会を立ち上げて活動を開始しました。菅政権は、安倍政治を無批判に継承するだけでなく、新自由主義政策の一層の推進を掲げ、改憲策動にも余念がありません。

本年一〇月一日、日本学術会議(以下「学術会議」といいます)が新会員として推薦した一〇五名の科学者のうち、六名の任命を菅首相が拒否していたことが明らかとなりました。学術会議は、学問や学術が、戦前、軍部に従属して無謀な戦争に協力した歴史の反省に基づき、一九四八年に設立された学者の国会と言われる機関です(日本学術会議法前文)。戦前の反省から、学術会議は、政府から「独立して」職務を行うものとされ(法三条)、政府に対して種々の勧告をする権限を与えられています(法五条)。菅首相による会員候補者六名の任命拒否は、学術会議の独立性を冒すものであり、憲法二三条の保障する学問の自由を侵害する違憲違法な権力の行使というべきです。

学問の自由の侵害は、一般の人びとから真実を知る自由を奪い、政府を批判する自由を奪うことへとつながります。今回明らかになった学術会議への政府の介入を黙過するならば、やがて、政府の目を気にして自由に発言し、行動することが憚られる社会になっていくでしょう。このように、菅首相による学術会議会員の任命拒否問題は、菅政権が目指す九条改憲や緊急事態条項を憲法に創設して日本を戦争する国につくり変える動きと密接に関係しているので注意が必要です。

長期にわたった安倍政権とこれを引き継いだ菅政権による政治の特質を一言でいえば、法と憲法を無視あるいは軽視し、主権者の声に耳を貸さない、反立憲主義的、反民主主義的な政治といえます。憲法一二条は「この憲法が国民に保障する自由及び権利は、国民の不断の努力によって、これを保持しなければならない」としています。憲法に基づく政治への根本的な転換を求める主権者としての努力が、今まさに試されているといえましょう。

第三章　緊急事態条項——その歴史と自民党改憲草案の検討

永山　茂樹

自由民主党「日本国憲法改正草案」（二〇一二年）

（国防軍）

第九条の2

一　我が国の平和と独立並びに国及び国民の安全を確保するため、内閣総理大臣を最高指揮官とする国防軍を保持する。

二　（略）

三　国防軍は、第1項に規定する任務を遂行するための活動のほか、法律の定めるところにより、国際社会の平和と安全を確保するために国際的に協調して行われる活動及び公の秩序を維持し、又は国民の生命若しくは自由を守るための活動を行うことができる。

四　（略）

五　国防軍に属する軍人その他の公務員がその職務の実施に伴う罪又は国防軍の機密に関する罪を犯した場合の裁判を行うため、法律の定めるところにより、国防軍に審判所を置く。この場合においては、被告人が裁判所へ上訴する権利は保障されなければならない。

（緊急事態の宣言）

第九八条

一　内閣総理大臣は、我が国に対する外部からの武力攻撃、内乱等による社会秩序の混乱、地震等による大規模な自然災害その他の法律で定める緊急事態において、特に必要があると認めるときは、法律の定めるところにより、閣議にかけて、緊急事態の宣言を発することができる。

二　緊急事態の宣言は、法律の定めるところにより、事前又は事後に国会の承認を得なければならない。

三　内閣総理大臣は、前項の場合において不承認の議決があったとき、国会が緊急事態の宣言を解除すべき旨を議決したとき、又は事態の推移により当該宣言を継続する必要がないと認めるときは、法律の定めるところにより、閣議にかけて、当該宣言を速やかに解除しなければならない。また、百日を超えて緊急事態の宣言を継続しようとするときは、百日を超えるごとに、事前に国会の承認を得なければならない。

四　第二項及び前項後段の国会の承認については、第六〇条第二項の規定を準用する。この場合において、同項中「三十日以内」とあるのは、「五日以内」と読み替えるものとする。

（緊急事態の宣言の効果）

第九九条

一　緊急事態の宣言が発せられたときは、法律の定めるところにより、内閣は法律と同一の効力を有する政令を制定することができるほか、内閣総理大臣は財政上必要な支出その他の処分を行い、地方自治体の長に対して必要な指示をすることができる。
二　前項の政令の制定及び処分については、法律の定めるところにより、事後に国会の承認を得なければならない。
三　緊急事態の宣言が発せられた場合には、何人も、法律の定めるところにより、当該宣言に係る事態において国民の生命、身体及び財産を守るために行われる措置に関して発せられる国その他公の機関の指示に従わなければならない。この場合においても、第一四条、第一八条、第一九条、第二一条その他の基本的人権に関する規定は、最大限に尊重されなければならない。
四　緊急事態の宣言が発せられた場合においては、法律の定めるところにより、その宣言が効力を有する期間、衆議院は解散されないものとし、両議院の議員の任期及びその選挙期日の特例を設けることができる。

1　改憲史のなかで緊急事態条項を読む

憲法の緊急事態条項とは、①戦争・自然災害などの「緊急事態」に（あるいはそれを口実に）、②人権・議会制民主主義・独立した司法（裁判所）の一部または全部を停止し、③国家権力を行政（内閣や大統領など）に一元化させながら、④軍事力もつかった統治を可能にする規定です。またこれにもとづいて行使される権力を、国家緊急権といいます。

本章の**1**では、九条改憲論には緊急事態条項論がいつも伴走していたこと、九条改憲がめざす「戦争をする国」にとって、緊急事態条項はのどから手が出るほど欲しいものだということを、改憲史のなかで説明します。

（１）日本国憲法の制定と緊急事態条項

基本的人権・民主主義・平和主義を基調にする日本国憲法に、緊急事態条項はなじみません。憲法に緊急事態条項が存在しないのは、うっかり書き忘れたからではなく、意図的なことでした。それは帝国議会における金森国務大臣の発言でもはっきりとしています（本書第二章）。

もっとも憲法には、議会制民主主義や権力分立をまもりながら、しかし軍事力はつかわずに困難をのりきるための規定があります。国会の臨時会（緊急の必要があるとき、国会を召集する制度。五三条）、参議院の緊急集会（衆議院の解散中に必要があるとき、参議院だけで国会の機能を代行する制度。五四条）、予備費制度（予期せぬ事態にそなえ、あらかじめ内閣の判断で使えるお金を予備におく制度。八七条）がその例です。「緊急事態条項がないから、緊急事態には無力だ（から憲法をかえなければいけない）」という人は、憲法の条文をきちんと読んでいないのだとおもいます。

（２）九条改憲論と緊急事態条項改憲論

憲法九条二項は、戦力不保持をきめています。しかし朝鮮戦争の勃発をきっかけに、日本は違憲の再軍備・軍備強化に着手しました。再軍備派にとって、九条をかえて違憲の行為を正当化・合憲化することは重要な課題でした。またそれにともない、「戦争をする国」に欠かせない緊急事態条項も追求しました。

自由党（自民党の前身）の憲法調査会（会長・岸信介）「日本国憲法改正案要綱」（一九五四年）には、「自衛のための最少限度の軍隊」をもつ九条改憲のことが書かれています。また軍事特別裁判所の設置、内閣の戦争・非常事態（戒厳）宣言権、内閣の緊急命令権、非常事態に政府が諮問する国会の常置委員の設置なども提唱しました。

五〇～六〇年代前半、内閣の憲法調査会（後年、両院におかれる同名の組織とは別）でも改憲が議論されました。もちろん緊急事態条項改憲も一つの焦点でした。

ただ調査会報告書（六四年）の立場はすっきりしません。「緊急事態および非常事態に対処するため、政治の機構および人権保障に、平常の場合と異なる特例を認めるべきであるかどうかという問題に関しては、多くの意見が述べられており、それらの間には見解が対立している」とあります。つまり調査会は、賛否両論を併記するかたちで、報告書をまとめざるをえなかったのです。また「緊急事態に特別な権利制約や義務賦課はみとめられるか」「軍事裁判所を設置するか」「内閣に緊急財政処分権をみとめるか」という点でも、対立をのこしたままの報告書になりました。

しかし九条は人びとのこころに浸透・定着していきます。日米安保条約改定にたいする国民の反対運動が高揚し（六〇年安保）、九条の明文改憲はいったん挫折します。同時に緊急事態条項の新設もむずかしくなりました。

それを象徴するのが三矢研究（一九六三年）の失敗です。自衛隊の制服組である統合幕僚会議は、朝鮮半島戦争における日米共同作戦の内容や、国会で制定すべき非常時立法について、秘密裏に研究をすすめていたのです。野党がこの策動を国会で暴露し、文民統制＝シビリアン・コントロールに反すると追及しました。このあと、これに類する研究成果の発表やそれにもとづく改憲論はかげをひそめるのです。

（3）「改憲の波」のなかの緊急事態条項改憲論

このような状況を急変させたのは、二〇〇〇年代におとずれた「改憲の波」です。九条改憲と緊急事態条項改憲は、改憲論の主役としてふたたび登場しました。そのことは政党、メディア、財界が発表した改憲案・構想のなかで確認できます。各院・憲法調査会の報告書（〇五年）にも、緊急事態条項改憲をめぐる議論が採録されています。

自民党「新憲法草案」（〇五年）ではどうでしょう。その九条の2―一項は「我が国の平和と独立並びに国及び国民の安全を確保するため、内閣総理大臣を最高指揮権者とする自衛軍を保持する」とします。また同条三項は自衛軍の任務を列記します。案のなかでは、「緊急事態における公の秩序を維持し、又は国民の生命若しくは自由を守るための活動を行うことができる」と、緊急事態に自衛軍を活用することも書かれました。さらに軍事裁判所の設置規定もありました。

このように「新憲法草案」は、軍事力をつかう統治を規定しました。ただ緊急事態独自の章はありません。また緊急事態条項が言及してもよさそうな、緊急事態における人権や議会制民主主義の停止もありません。党内の意見調整にてまどり、草案全体が中途半端なものにとどまってしまったのです。

その限界を突破するのが自民党「日本国憲法改正草案」（一二年）です。これは軍事主義・権威主義・復古主義・新自由主義など物騒な諸主義がまじってできた全面的改憲案でした。九条の2―一項は「我が国の平和と独立並びに国及び国民の安全を確保するため、……国防軍を保持する」と、国防軍の保持を明記します。また同条五項では、国防軍審判所（軍事裁判所）の設置も規定します。ここまでは「新憲法草案」とほぼおなじつくりです。しかし「憲法改正草案」はそこにとどまりませんでした。緊急事態の章をつくり、そのなかで人権・議会制民主主義・地方自治の停止を明記しました。また随所で総理大臣の権限をつよめました。こうすることで「戦争をする国」にふさわしい、フルスペックの緊急事態条項に近づいたのです。

そののち「憲法改正草案」の贅肉がそぎおとされます。九六条先行改憲（改憲手続条項改憲）は、改憲の発議に必要な賛成議員数を、いまの「総議員の三分の二」から、「総議員の過半数」に引き下げようとするものです。「国民の手に憲法を取り戻す」という意気込みの安倍前総理は、これを改憲の花形あつかいしました（一三年）。しかし「ほんとうは九条をかえたいけれど、それが難しいから、改憲手続規定から手をつける」というのはコソクではないか。そう批判されて、九六条先行改憲論をひっこめてしまいました。

またこの時期、教育費無償化条項改憲もでてきました（一七年）。これは「憲法改正草案」になかったものですが、改憲支持派を広げる目的で浮上したのです。しかし教育費の無償化はいまでも可能で（それどころか二六条「教育を受ける権利」規定や、国際人権規約からすれば、教育費を無償に近づけることは日本政府が負う義務なのです）、わざわざ改憲する必要はありません。けっきょく「教育費無償化」は「教育環境を整備する国の努力」へと形骸化します。ただ「自民党改憲で教育費無償が実現される」と誤解する人もいるので、両者の違いは強調しておきましょう。

こうしてスリム化した安倍改憲構想は、「たたき台」の名で整理されます（一八年）。もちろん緊急事態条項は「たたき台」にのこりましたが、安倍改憲にとってそれが贅肉ではなく本質だったからです。「たたき台」についての検討は、本書第二章をお読みください。

2　緊急事態条項はどう運用されてきたか

2では緊急事態条項の運用面から、その危険性をつかみます。とりあげるのは、第二次大戦前後のドイツ、第二次大戦後のフランス、現在のアメリカ、そして大日本帝国です。

(1)　第二次大戦前のドイツ

第一次大戦の敗戦後につくられたワイマール憲法には、大統領に権力を集中させる規定がありました。大統領には、「公共の安全および秩序に著しい障害が生じ、またはそのおそれがあるとき」「公共の安全および秩序を回復させるために必要な措置をとることができ、必要な場合には、兵力を用いて介入することができる」という強力な権限があたえられたのです（四八条）。大統領は、人身の自由・住居の不可侵・信書の秘密・表現の自由・集会の権利・結社の権利・所有権の保障を停止できました。これは頻繁につかわれ、それとともに、議会は国民の信頼をうしなっていきます。

とどめをさしたのが、議会が政府に権限を白紙委任する（すべてまかせてしまう）授権法です。よく似た法律は、同時代のフランスやイタリアにもありました。ドイツでは全権力をヒトラーにゆだねる「民族および国家の危難を除去するための法律」、いわゆる全権委任法（議会で可決したのが三三年三月二三日、発効が同月二四日）が制定されました。同法は、①議会だけでなく政府も法律を制定できること、②政府制定の法律は、憲法に優位すること（どれほどの悪法でも違憲無効とならない）、③四年間ときわめて長期な委任をすること、などをさだめます。

これは取り返しのつかないことでした。ヒトラーは全権委任法を根拠に、州の自治を否定する「国家と州の均制化法」、「非アーリア人」を公職から追放する「職業官吏再建法」、ナチス一党独裁を規定する「政党新設禁止法」（いずれも三三年）をやつぎばやにつくります。そのさきにはホロコースト、すなわち六〇〇万人のユダヤ人虐殺がありました。

(2) 現在のドイツ

現在の基本法（憲法。四九年制定）における緊急事態条項は、六八年改正で整備され、現在のすがたになりました。それは戦時の緊急事態と平時の緊急事態に大別できますが、本章では前者の防衛事態、後者の災害事態をとりあげます。緊急事態を口実とした権力濫用がおきないように、幾重もの歯止めがかけられていることを確認しましょう。

(ア) 防衛事態

防衛事態（基本法一一五条a以下）とは、連邦領域が武力によって攻撃され、またはそのおそれが直前に差し迫っている場合をいいます。

①事態の認定は、連邦政府の申立にもとづき、連邦議会（それが不可能なら両院議員からなる両院合同委員会）の三分の二以上の多数による賛成が必要です。また連邦議会の単純多数で、事態は終了します。

②防衛事態になると、連邦議会の立法権の範囲は拡大し、立法手続は通常より簡略化されます。いずれにせよ議会が立法権を失うことはありません。また議員の任期は、延長されます。

③憲法裁判所の地位と任務の遂行は、防衛事態においても保障されます。

④防衛事態には、基本権（人権）は制約をうけます。しかし一般的制限で済ませるのではなく、職業選択の自由、財産権、人身の自由それぞれで、制限の限界を詳細に規定するという特徴があります。「制限を詳細に規定」するのではなく「制限の限界を詳細に規定」することで、人権制約に歯止めをかけているのです。

（イ）災害事態

災害事態とは、自然災害又は特に重大な災厄事故をさします（三五条2以下）。災害事態では、連邦政府は州の支援をすることが、また各州は連邦政府や他の州に国境警備隊・連邦軍・警察などの派遣を要請することができます。この規定は、警察力で対応するべき犯罪などに適用することはできません。

連邦議会は、戦時の緊急事態の場合と異なり、災害事態の認定に関与しません。ですが、連邦参議院の要求のあるときまたは危険が除去された後に、連邦政府の措置は遅滞なく中止されます。また基本権のなかで、とくに移動の自由だけが制限をうけます（一一条）。

このように（ア）（イ）ともに要件、手続、効果は詳細に規定され、濫用されにくいつくりになっています。ここにはワイマール期の苦い経験が活かされているようです。またこれらの条項はじっさいもちいられたことはありません。

（ウ）抵抗権

国家緊急権の歯止めとして、国民の抵抗権が規定されています。抵抗権とは、憲法を破壊する政治に従わない権利のことで、基本法は「すべてドイツ人は、この秩序を排除する何人に対しても、その他の救済手段を用いることが不可能な場合には、抵抗する権利を有する」（二〇条）とさだめます。国家緊急権の濫用にたいして、国民には不服従が保障されるのです。

（エ）新型コロナウイルスへの対応

新型コロナウイルスへの対応についても、簡単に紹介しておきます。ドイツでは従来からの感染症予防法、それを連邦政府の権限を強化する方向で改正した「全国規模の流行状況における住民保護法」（二〇年三月）などの法律がもちいられています。これにより連邦と州は、飲食店や理髪店の閉鎖、学校の休校、礼拝所での礼拝禁止などの措置を講じました。

もっとも移動の自由（一一条）と住居の不可侵（一三条）は伝染病の危険防止のために法律で制限できると、基本法で明記しています。

（3）現在のフランス

現在のフランス（第五共和政。一九五八年〜）では、憲法による緊急事態への対応と法律による緊急事態への対応の二つがあります。

（ア）憲法による対応

憲法一六条は「共和国の諸制度、国の独立、領土の保全あるいは国際的約束の履行が重大かつ切迫した脅威にさらされ、憲法上の公権力の正常な運営が妨げられた場合」、大統領が「状況に応じて必要な措置を講じる」ことをみとめます。国会はそれに関与できません。植民地アルジェリアのフランス軍部隊が反乱をおこしたとき、ドゴール大統領は一六条にもとづいて緊急事態を宣言しました（六一年四月）。反乱はすぐおさまり宣言も解除されましたが、それ以来この条文がつかわれたことはありません。

また憲法三六条は、閣議決定による戒厳についてさだめます。ただし一二日を超える延長には、国会の立法による承認が必要です。戒厳下では、軍が行政機関にかわって治安維持の権限などを行使します。しかし戒厳の発せられた例はありませんし、その可能性もないだろうといわれています。

（イ）法律による対応

憲法による対応例がかぎられている一方で、よくみられるのが法律による対応です。ここでは国家緊急事態法（五五年四月三日法）にもとづく対テロ対策のありようを概観します。

同法によれば、政府はデクレ（命令）で緊急事態を宣言できます。しかし一二日を超える宣言は、法律によらなければ延長できません。そのためパリ同時多発テロ（一五年）をうけた宣言は、二年間に六回、法律改正の形式で延長されました。また延長と同時に公権力も強化されました。その結果、昼夜を問わない家宅捜索・自宅軟禁・デモや集会の禁止・ビデオ監視をはじめ、広範な人権制限が生じたのです。しかしこのような法律やそれにもとづく行政措置のすべてが黙認されたわけではありません。国家緊急権の濫用を、議会や裁判所が抑止する仕組がもうけられ、またそれが部分的にではあれ機能しているのです。

①緊急事態における国会の行政統制権は法律で明記されています。これにより国会各院は、行政当局のとった措置について遅滞なく通知を受けるとともに、行政当局に情報の提供を求めることができます。

②違憲立法審査権をもつ憲法院は、緊急事態法における自由の制限規定について、いくつかの違憲判決をくだしています。たとえば「公権力の行使を妨害する人」が特定区域に立ち入ることを禁止する県知事の処分について、そこに対象者の住居が含まれるおそれがあり、家族生活を営む権利を害するとして違憲としました（一七年六月九日）。また県知事が、人々の立ち入り禁止・制限区域を条例で指定することについて、公序違反の防止と人権宣言が保障する移動の自由との両立がはかられていないゆえに違憲と判示しました（一八年一月一一日）。

③行政行為の合法性を審査する行政裁判所は、緊急事態を宣言することや、宣言にもとづく行政措置の合法性などを審査します。一六年から一七年にかけての数字ですが、行政裁判所は宣言下の行政措置の四〇％を違法と判断しました。

この国家緊急事態法は「国内テロ対策強化法」にあらためられました（一七年）。罰則が加えられたり、緊急事態にいたらない平時でも、緊急事態に準ずる権利制限が制度化されるなど、全体に厳罰化がすすみました。

（ウ）新型コロナウイルスへの対応

さいごに新型コロナウイルス対策について紹介します。

マクロン大統領は公衆衛生法にもとづく外出規制、飲食店閉鎖、学校休校などをきめました。さらに新型コロナウイルス対処緊急法（公衆衛生法の改正法）にもとづき衛生緊急事態宣言を発しました（三月二四日）。同法はまた、コミューン（地方）選挙第二回投票の延期も規定しました。

本章との関係で注目したいことがあります。第一に宣言の発出・延長・廃止いずれも法律できめたことです。三月の対処緊急法は二月の時限立法で、一月をこえる延長には法律の改正が必要でした。そこで五月に法律が改正され、法律と宣言は七月まで延長されました。さらに緊急事態解除法を制定して、宣言を七月一〇日に終了させました。それ以後の「移行期」では、法律がさだめた限定的規制が施行されています（「第二波」襲来にともない、一〇月末にロックダウンを再開）。

第二に、宣言下で国民の自由は一定の制限をうけます。しかし行政に丸投げをせず、法律で詳細に規定したことです。

第三に宣言下でとられた行政措置について、国会の調査委員会が調査・評価を行うことを、法律で明記したことです。

第四に、科学的見地から政府の措置について意見をまとめる科学委員会がもうけられました。この委員には、上院議長・下院議長の任命する者が含まれたことです。このように国会の力による濫用防止がはかられているのです。

第五に、行政裁判所による統制も、法律で明記されたことです。

（4）現在のアメリカ

アメリカ憲法に緊急事態条項はありません。が、大統領の緊急事態宣言手続をさだめた国家緊急事態法を筆頭に、五〇〇近い関連法があるといわれます。歴代大統領はこれをつかい緊急事態を宣言し、命令を発してきました。

①テヘランの米国大使館占拠事件のとき、カーター大統領は「イランの状況が、アメリカの安全、外交、経済にとって異例かつ重大な脅威であること」にかんがみて、脅威に対処するため緊急事態を宣言しました（一九七九年）。

②九・一一同時多発テロが発生した三日後、ブッシュ・ジュニア大統領は、国家緊急事態法に

もとづく緊急事態宣言を発しました（二〇〇一年）。また議会はただちに愛国者法を制定しましたが、これは司法手続を経ない身体の拘束、携帯電話やメールの傍受など、深刻な人権侵害をまねきました。

③北朝鮮のミサイル・核開発にかんしても、「朝鮮半島における現状と、核物質を使った兵器が拡散するリスクは、合衆国の安全と外交にとって異例かつ重大な脅威を構成することにかんがみ」、ブッシュ・ジュニア大統領は宣言を発しました（〇八年）。

これら三つの宣言は更新をくりかえしいまも有効です。まさに「惨事便乗政治」（ナオミ・クライン）が常態化しているのです。

緊急事態宣言の乱発ならトランプ大統領も負けていません。不法移民や麻薬の流入を理由に緊急事態を宣言し、メキシコ国境に壁を建設しました（一九年）。またアフガニスタンにおける米兵の戦争犯罪を調査する国際刑事裁判所を敵視し、緊急事態宣言を発しました。そして国際刑事裁判所の関係者や家族の財産を凍結し、入国を禁止しました（二〇年）。その結果、なにがおきているでしょうか。

第一に大統領の裁量はひろく、緊急性が疑わしいばあいも宣言を発してきたことです。

第二に宣言は更新によって長期継続する傾向があり、大量の宣言が蓄積することです。

第三にそれにともない、人身の自由やプライバシーの権利などが傷つけられることです。

第四に国際法（国連憲章の主権平等原則、国連の友好関係原則宣言）が禁じた威圧的・干渉的な外交につかわれること、です。

なお新型コロナウイルス流行のなかで、大統領は社会保障法にもとづく緊急事態を宣言しました（三月）。それは州のおこなう感染対策に連邦政府が資金を出すこと、連邦法の規制を緩和して医療提供を促進することなどを内容とします。しかし大統領は新型コロナウイルスを理由とした規制に消極的なので、連邦政府として外出規制や商店閉鎖などは命令していません。

そもそもアメリカ合衆国憲法によれば、保健衛生行政権をふくむポリス・パワーは連邦ではなく各州に帰属するという解釈が有力です。そこで新型コロナウイルス対策でも、すべての州が独自に緊急事態を宣言し、また多くの州が商店の閉鎖やマスクの着用を義務づけました。

(5) 大日本帝国

最後に大日本帝国の場合です。大日本帝国憲法（明治憲法）は、天皇に国家緊急権を集中させました。具体的には、緊急勅令（勅令とは天皇の命令のこと）権、緊急財政処分権、戦時において軍事組織が行政権を行使する戒厳、そして戦時または国家事変の際に天皇が大権として統治をおこなう非常大権の四つです。

まず緊急勅令権です。八条一項は「天皇は公共の安全を保持しまたはその災厄を避くるため緊急の必要により帝国議会閉会の場合において法律に代るべき勅令を発す」（現代表記に改める。以下、本章は同じ）、同条二項は「この勅令は次の会期において帝国議会に提出すべし。もし議会において承諾せざるときは政府は将来に向ってその効力を失うことを公布すべし」とさだめます。つまり議会が開かれていないときに緊急の必要が生じたら、天皇は法律にかわる勅令（緊急勅令）を発することができるが、勅令は次の議会で承諾を受けなければならない、というものです。

つぎに緊急財政処分権です。七〇条一項は「公共の安全を保持するため緊急の需用ある場合において内外の情形により政府は帝国議会を召集することあたはざるときは勅令により財政上必要の処分を為すことを得」、二項は「前項の場合においては次の会期において帝国議会に提出しその承諾を求むるを要す」とさだめます。緊急勅令と似て、緊急の必要があるけれども議会を召集する余裕がなければ、天皇は勅令で財政処分をすることができるが、処分は次の議会で承諾を受けなければならない、というものです。

このように天皇は、議会の関与なく命令を発したり、財政処分をしたりできたのです。これに軍による統治（戒厳。一四条）や非常大権がくわわって、緊急事態条項の特徴は網羅されています。

これらの緊急事態条項は、歴史の重要な節目で登場しました。

（ア）関東大震災への対応（一九二三年）

政府は関東大震災のとき、非常徴発令（緊急勅令三九六号）で、食糧・建築材料・労務などの非常徴発（物資をとりあげたり、強制的に働かせること）をきめました。また「緊急の必要ありと認め帝国憲法第八条により一定の地域に戒厳令中必要の規定を適用する」こともきめました（緊急勅令三九八号）。戦争や事変を想定する戒厳令を自然災害に適用したことや、緊急勅令に必要な枢密院への諮詢（意見をもとめること）を省いたことなど、憲法からみて問題がありました。しかし、必要の論理が「不磨の大典」（いつまでもすりへらないほど立派な憲法）すら凌駕したのです。

陸軍大将が司令官をつとめる関東戒厳司令部は、「時勢に妨害ありと認むる集会もしくは新聞雑誌広告を停止すること」「検問所を設け通行人の時勢に妨害ありと認むるものの出入を禁止……すること」「昼夜の別なく人民の家屋……に立ち入り検査すること」（司令官命令）など、震災と無関係なことにも強権をふるいます。

司令部は、「不逞の挙に対して、罹災者の保護をする」ための命令だと説明しました。こういう軍の態度が「不逞鮮人（ママ。けしからぬ朝鮮人の意）」虐殺や、大杉事件（憲兵隊の甘粕大尉が、社会主義者の大杉栄らを殺害した事件）を誘発したのではないかともいわれます。

（イ）治安維持法の改正（一九二八年）

思想弾圧法として悪名高い治安維持法（二五年制定）には、もともと死刑規定がありませんでした。政府は、国体変革（天皇中心の国の形を改めること）を目的とする結社の役員・指導者にたいする処罰として、最高刑を死刑にひきあげる法律改正をこころみました。しかし第五五回議会では反対がつよく、改正案は審議未了のまま議会は閉会しました（二八年五月六日）。ところが田中義一首相は、社会主義者たちがおそるべき行動を続けているので、法改正が緊急に必要だと強弁しました。そして議会閉会中の六月二九日、法律に死刑をもりこむ「治安維持法中改正ノ件」（緊急勅令一二九号）を公布してしまったのです。

これはあきらかに八条一項に反する行為です。著名な憲法学者の美濃部達吉も「もし前の議会の開会中に既にこれを必要とする事情が存在しておったならば、前の議会においてその協賛を得なければならぬのであって、事情の変更の無いにもかかわらず、議会閉会後に至って緊急命令をもってこれを処理せんとするは、明かに憲法違反である」と批判しています。しかしこの緊急勅令は、一二月召集の第五六回議会ですんなり承諾されてしまいます。治安維持法に死刑をもりこむ緊急勅令は、八条二項により「将来に向かってその（法律としての）効力を」有することになりました。

（ウ）国家総動員法（一九三八年）および戦時緊急措置法（四五年）の制定

前者は長期化する日中戦争をうけて、「国防目的達成の為国の全力を最も有効に発揮せしむる様人的及物的資源を統制運用」するために制定されました。後者は戦争末期、「国家の危急を克服する為、緊急の必要あるときは、政府は他の法令の規定にかかわらず、戦力の集中発揮上必要なる諸般の事項に関し、応機の措置を講ずるに必要な命令を発し又は処分を為すことを得る」ために制定されました。両者には共通した問題がみられます。すなわち、①立法目的と対象がきわめて広範で漠然としていること（前者では、戦時の国家総動員のため、また後者では、軍需生産の維持及び増強、食糧その他の生産必需物資の確保、防衛の強化と秩序の維持、税制の簡素化など）、②くわえて後者では「その他戦力の集中発揮に必要なる事項」を勅令で指定できること、③目的達成のための手段は、政府に白紙委任されること、④処罰は法律ではなく命令が具体化すること、などです。

これらは近代法の諸原則（権利制限は必要最小限でなければならない、行政は法律にもとづく＝法治行政の原則、課税と刑罰は法律による＝租税法律主義・罪刑法定主義）をことごとく無視したものです。つまり（ウ）は法律の形式をとっていますが、実質的には法律の名に値しません。むしろ天皇の非常大権を、立法という形式で実行したものといえるでしょう。

3　緊急事態宣言の手続――だれがどういうときにどう宣言をするのか

ここからは自民党「日本国憲法改正草案」（以下、草案）の緊急事態条項を検討します。まず3では緊急事態宣言を発する手続（草案九八条）を読み、内閣と総理大臣の判断でおこなわれ、他の機関はほとんど関与できない、つまり権力集中になっていることをつかみます。なお自民党の解説「日本国憲法改正草案Q＆A」（以下、草案Q＆A）も随時参照します。

（1）内閣総理大臣の独断で宣言できる

総理大臣は、閣議（総理大臣および国務大臣が出席する会議）にかけて緊急事態を宣言します。これを宣言の主観的条件といいます。ところで「閣議にかけて」は「閣議にかけて決定して」と少しちがいます。後者は、内閣全員一致によって閣議決定という形式の意思決定をすることを意味します。前者は、閣議の議題にすることを義務づけますが、閣議了解や閣議報告でも足りるはずです。

そもそも総理大臣は国務大臣を自由に任命・罷免できるので、閣議は形骸化しがちです。くわえて草案全体が、権力を総理大臣に一元化させています。草案Q＆Aは、第五章「内閣」の説明で、「内閣総理大臣は、内閣の最高責任者として重大な権限を有し、今回の草案で、その権限を更に強化しています」と説明しています。総合してみると事実上、総理大臣が独断で宣言を発することになるでしょう。「組織で決めるから独断ではない」とはいえないのです。

（2）宣言を発する条件に制限はない

宣言が発せられるのは、①我が国に対する外部からの武力攻撃、②内乱等による社会秩序の混乱、③地震等による大規模な自然災害、④その他法律で定める緊急事態の四つのばあいです。これを宣言の客観的条件といいます。

①では、戦時における緊急事態の利用を予定しますが、そのひろがりも問題です。攻撃が予測

されるときや、日本が直接の対象でなくても「我が国と密接な関係にある他国」への攻撃がふくまれるかもしれません。

②では「内乱等による社会秩序の混乱」のひろがりが問題です。「等」をつけることで、内乱以外のさまざまな社会秩序の混乱がふくまれます。石破茂・自民党幹事長（当時）は、秘密保護法に反対する集会を「テロ行為とその本質においてあまり変わらない手法」と非難しました。国民の集会を敵視する政治家がいるなかで、②は危ない改憲です。

④「その他の法律で定める緊急事態」は、法律への白紙委任です。草案九九条一項で財政議会主義と地方自治の停止を予定したことから推測すると、「財政上の困難」や「国と地方との対立」が、緊急事態として法定されるかもしれません。

このように宣言権行使の客観的条件は、限定されていないのです。①〜④をならべれば、「なんでも緊急事態」になることは避けられません。

(3) 宣言の更新に制限はない

フランスやアメリカの例では、いったん緊急事態宣言が発せられると、更新をかさねて永続化しました。草案にもおなじ問題があります。九八条三項は百日ルール、すなわち「百日を超えて緊急事態の宣言を継続しようとするときは、百日を超えるごとに、事前に国会の承認を得なければならない」を規定します。しかし更新回数に上限はありません。

また4(4)で指摘しますが、宣言が発せられれば、衆議院の解散が凍結されたり、両院議員の任期が延長されたりします。このことで現職議員は議席を失う心配から解放されます。だから「既得権」にしがみついて、宣言に賛同する議員がきっとでてくるでしょう。緊急事態永続化のメカニズムがあるので、更新に制限のないことは危険なのです。

（4）国会や裁判所は関与しない

（ア）国会の場合

総理大臣が宣言権を濫用したらどうなるでしょう。それには、国会の承認手続をつかった縛りがかんがえられます。しかし「事前又は事後」とあるので、国会の承認は事後でかまいません。また「いつまで」という期限もないので、承認手続が先送りされてしまえば（たとえば国会が召集されないとき）、宣言は有効のままです。野党が臨時国会を開くように要求しても（五三条）政府が無視することが頻繁におきています。宣言の承認手続でも同じことがおきるかもしれません。

また国会承認は、通常の議決とおなじく単純多数で足ります。しかし草案九九条をみると、宣言は人権をはじめ憲法規定の停止に直結します。それを単純多数でよいとするのは、宣言の劇薬性を過小評価したものです。この点でも、国会による縛りは緩すぎるのです。

（イ）裁判所の場合

裁判所による縛りはどうでしょう。そもそも宣言下で裁判がひらかれるかはっきりしません。が、かりに裁判がひらかれたとしても、違憲判決は期待できません。過去の判決例に照らすと、裁判所は統治行為論（「客観的条件に該当するか否かの判断は「高度の政治性」をもつ問題だから、政治部門である行政府の判断を尊重する」という理屈）、あるいは行政裁量論（「内閣は、行政権の行使において一定の裁量権がある」という理屈）をつかい、違憲の訴えをしりぞける可能性がつよいからです。

いずれにせよ国会や裁判所による縛りに過度の期待をかけることはできません。正当性のあやしい宣言もそのまま通用するのではないでしょうか。

4　緊急事態宣言の効果――総理大臣の独裁はなにをもたらすか

４では緊急事態における内閣・総理大臣の権力行使規定（草案九九条）を読み、総理大臣に権力が集中すること（総理大臣独裁）で、基本的人権・議会制民主主義・地方自治が否定されることを確認します。草案Q＆Aは「宣言を発したら内閣総理大臣が何でもできるようになるわけではなく、その効果は次の九九条に規定されていることに限られる」から、戒厳令ではない、といいます。しかし総理大臣はまさに何でもできるのです。

(1)　基本的人権を制限する

人権尊重は憲法の基本原則です。草案一三条でも、人権は「立法その他の国政の上で、最大限に尊重されなければならない」（現行通り）とします。しかし同時に、「公益」「公の秩序」を理由に制約するなど（草案一二、一三条）、人権を軽くあつかう面があり、人権の絶対的価値を引き下げています。

また現行憲法には九条があるので、軍事的なものは憲法上の正当性をもちません。他方草案は、九条改憲によって軍事的なものに正当性をあたえ、また前文から「恐怖と欠乏から免れ平和のうちに生存する権利」（平和的生存権）を削除します。こうすることで、人権は軍事的なものにたいする相対的優位を失います。そして人権のこのような絶対的・相対的価値の低下は、緊急事態宣言の効果に反映します。

第一に草案九九条三項前段で、緊急事態には、「何人も……国その他公の機関の指示に従わなければならない」とします。価値が低下した人権は、国のだす指示に対抗できないでしょう。

第二に草案は、この指示が「国民の生命、身体及び財産を守るために行われる措置に関して発せられる」とします。いっけん指示は人権保障のためにしかだされないように読めます。しかし「措置に関して」とあるので、人権保障に必要なくても指示ができます。

第三に根拠のない人権の序列化があります。草案Q＆Aは、生命・身体・財産という「大きな人権を守るために、その必要な範囲でより小さな人権がやむなく制限される」ことだと説明します。だとするとこの三つ以外、たとえば幸福追求権、表現の自由、生存権はのきなみ「小さな人権」であり、制限されるほうに分類されます。こんな勝手な序列化に根拠も正当性もありません。

第四に草案は、人権の救済にまったくふれません。しかも人権を害された人が、国や地方に請願する請願権（一六条）、裁判で人権救済を求める権利（三二条）、国に損害賠償を求める国家賠償請求権（一七条）、国に損失補償を求める損失補償請求（二九条三項）、不当に拘禁・処罰されたときに補償を求める刑事補償請求権（四〇条）は、どれも「最大限に尊重」される人権リストから除外されています。

（2）国会から立法権をうばう

立法権（法律を制定する権限）はどうでしょうか。現行憲法では、「国の唯一の立法機関」（四一条）である国会が立法権を行使します。内閣は政令（命令）を制定します（七三条）が、政令の効力は法律よりも下位です。また内閣が制定できるのは、法律の委任を受けた委任命令と、法律を執行するための執行命令だけで、法律と無関係の命令（独立命令）を制定することはできません。

たいして草案九九条一項は、内閣の政令制定権を規定します。でもすでに七三条で政令制定権があげられているのに、それを繰りかえすのはなぜでしょうか。この重複の意味を解くカギは、草案九九条「法律と同一の効力を有する」（草案九九条による政令は、法律と法的に同視できる）という部分にあります。宣言下の政令は、他の政令と法的性質がことなるのです。

第一に政令は法律と肩を並べるので、「政令を制定するには法律の根拠が必要だ」という議論は成り立ちません。内閣は、法律と無関係に独立命令を制定することができます。

第二に「後法は前法より優先」という原則が適用されるかもしれません。そうするとまえからあった法律を、あとからつくる政令でくつがえすことができます。これを上手に利用すれば、内閣は法律にたいする事実上の拒否権さえもつことになります。

第三に憲法が法律に委任した事項を、政令できめてもよいはずです。そうすると、刑罰も税も内閣のおもうがままで、罪刑法定主義や租税法律主義は骨抜きになります。

第四に国防軍の活動、下級裁判所の設置、自治体の組織運営をはじめ統治の仕組や、それぞれの組織の権限の詳細は、法律に委任されています。しかし政令が法律と肩を並べるなら、それらのことも政令で決めてよいことになります。

第五にこの政令は「事後に国会の承認を得なければならない」とあります。では承認を得られなかったばあいはどうでしょう。大日本帝国憲法では「もし議会において承諾せざるときは政府は将来に向ってその効力を失うことを公布すべし」とありますが、草案にはそれにあたる文言がありません。ですから承認をえられなかったばあいも、いったんつくられた政令が失効する保障がありません。
このように、内閣は国会から立法権をうばうことができるのです。

(3) 国会から財政議決権をうばう

財布のひもは国会にまかせるという財政議会主義は、憲法の一丁目一番地です。日本国憲法でも、国のお金をつかうには国会の議決が必要です(八三条以下)。しかし草案九九条一項は、総理大臣に「財政上必要な支出その他の処分」権をあたえます。現行の予備費制度(八七条)とくらべながら、この緊急財政支出権の問題をかんがえましょう。

第一に予備費の場合、国会が議決した予算の枠内での支出になります。でも草案がさだめるのは、国会の議決がないままで上限なしにお金をつかえる権限です。もちろん無駄遣いのつけは、あとで納税者にまわってきます。

第二に予備費は、内閣という組織の責任で支出されます。ところが草案では他の国務大臣が関与せず、総理大臣の一存で支出されます。

第三に補正予算との関係です。もし国会開会中に緊急の必要が生じたら、補正予算をつくり、国会の審議を経て支出すればよいのです。だから予備費の支出は原則として国会閉会中にかぎられます。それにたいして緊急財政支出権は、国会の開会・閉会に関係なく行使できます。

第四に草案九九条二項は「前項の政令の制定及び処分については、法律の定めるところにより、事後に国会の承認を得なければならない」と、事後承諾しか規定しません。それに事後承諾が得られなくても、すでにおこなった支出がさかのぼって無効になったり、使われたお金が戻ってくることはありません。

（2）（3）をとおしてみると、草案は、まるで大日本帝国憲法の緊急勅令権と緊急財政処分権を、総理大臣にあたえたようです。ただ総理大臣は国会開会中でも緊急命令を発したり、緊急財政処分をなしうるのですから、その点で、緊急勅令権以上に国会をないがしろにします。むしろ天皇の独立命令権（九条）に近いとさえいえます。

（4）国会議員選挙を実施せず、国民から選挙権をうばう

草案九九条四項は、宣言が発せられたばあいに衆議院は解散されず、また国会議員の任期と選挙期日に特例を設けることができるとさだめます。これは主権者から、選挙に参加する機会をうばいます。もし選挙の実施が物理的に難しいのなら、公選法の繰延投票制度をつかえばよいから、改憲の必要はありません。このことは本書第二章のなかでのべました。

（5）地方自治体から自治権をうばう

現行憲法は、自治体が国や他の自治体から自立し（団体自治）、住民主体で地方政治をおこなう（住民自治）、地方自治の原則をとります。それをうけた地方自治法には、国が自治体の事務処理にかかわるときの大事な原則があります。それは、①関与法律主義（国の関与には、法律の根拠が必要である・自治法二四五条の2）と②関与最小限主義（国の関与は、目的達成にとって必要最小限のものにとどめなければならない・同法二四五条の3）です。

しかし草案九九条一項があると、この関与の原則がはたらかない可能性があります。総理大臣はフリーハンドで、ああしろこうしろと県知事や市長に命じるでしょう。いま辺野古新基地建設をめぐり国と沖縄県との対立があります。そういうときに国の意向を地方に押しつけるには、草

案九九条一項はうってつけです。

草案Q&Aは「この規定を置いたからといって、緊急事態以外では地方自治体の長に対して指示できないというわけではありません」と弁明します。しかし要件・対象・程度を限定しない草案上の指示と、限定された地方自治法上の指示とは、まったくべつものというべきでしょう。また（2）（3）とちがい、この指示権行使にたいして、国会は事前・事後を通じて関与できません。さらに地方自治の組織や運営を、地方自治法にかわって政令で決められることは右（2）で解説しました。

5　戦争をしない国であるために

5では、戦争をしない国であるということとの関係で、緊急事態条項改憲をどう評価したらよいかをかんがえましょう。

（1）「戦争をする国」は緊急事態条項を欲しがる

大日本帝国議会は一九四一年二月、衆議院議員選挙法の特例法「衆議院議員任期延長に関する法律」を可決・制定しました。これによって、同年四月に任期満了をむかえる衆院議員の任期を延長し、選挙を一年延期することになりました。日本国憲法では、議員任期は憲法できまるので、法律で伸縮させることはできません。当時は憲法事項ではなく法律事項だったので、こういうことが可能でした。

内務大臣・平沼麒一郎は、法案の提出理由をこう説明しました。「今日のごとき緊迫いたしましたる内外情勢の下に、国民をして選挙に没頭せしめまするることは、国政に関しまして不必要にとかくの論議を誘発し、また国民の間に不必要な摩擦競争を生ぜしめまするることは、内外外交上はなはだ面白くない結果を招来するおそれがありまするのみならず、ことに挙国一致国防国家体制の正義に邁進（つきすすむこと）せんとする決意を、これがために内外の人をして疑わしめないとも限らないと考えまするる」。つまり、議論が誘発されることが挙国一致体制にとっておもしろくないから、選挙を延期しようとしたのです。

平沼はなにをおそれていたのでしょう。一つは反戦・反軍の声です。同年二月二日、斎藤隆夫衆議員による「反軍演説」（日中戦争を批判する演説）があったばかりでした。もう一つは体制準備の遅れです。選挙によって挙国一致議会をつくろうにも、それをになうべき大政翼賛会の選挙準備がととのっていなかったのです。

国家が円滑に戦争をしようとするとき、やっかいなのは、平和をのぞむ声です。またそういう声の形成や発信をささえる議会制も、ときに障害となるでしょう。「戦争をする国」づくりをすすめる国家が、反軍演説の斎藤隆夫を衆議院から除名し、選挙にもとづく自由な議会政治をメノカタキにして選挙を延期したのは、自然のことでした。

このとき緊急事態条項がつかわれたわけではありません。しかし戦争に反対する声を抑圧し、また議員選挙を強引に延期したことは、草案九九条とぴったり重なることがわかります。

（2）憲法は災害にどう備えたらよいのか

自然災害の多発する日本で、災害発生を手をこまねいて傍観しているわけにはいきません。そのことが九条改憲に悪用されないためには、どういう点に注意するべきなのでしょうか。本章のまとめとして、そのことをかんがえてみます。

①1でみたように、〈九条をこわすこと〉と〈緊急事態条項改憲をすること〉とは不可分です。そのことを認識し、それを憲法運動のなかに反映させる必要があります。「九条改憲には反対だが、緊急事態改憲はあってもよい」という選択肢は、ほんらいないはずなのです。そのことをおおくの人に理解してもらいましょう。

②〈自然災害に代表される非人為的問題〉と〈戦争に代表される人為的問題〉とは、まさに混ぜるな危険、の関係にあります。自然災害と戦争は、法的な意味も、対応もまったくべつですから、両者はわけてかんがえましょう。

新型コロナウイルス流行にみまわれたフランスで、マクロン大統領は「われわれは戦争のなかにいる」と演説しました。しかし戦争とコロナウイルスを一緒にするレトリックは、政策の選択を誤ったものにしかねません。

③自然災害にたいする法的な準備を怠ってはいけません。しかし3・4でみたように、憲法に緊急事態条項をおけば、憲法が憲法を否定する事態をまねくおそれがあります。ですから自然災害への対処は、法律や条例などでさだめることがのぞましいでしょう。〈憲法による対応〉と〈法律による対応〉とはちがうものです。

そのさい重要なのは、権力分立と人権尊重の原則の維持です。2でみたように、行政に白紙委任するのではなく、国会・裁判所・オンブズマン・地方自治体などのかかわりかたを詳細に法律で規定することがかんがえられます。またたとえ災害時でも人権原理を貫徹させる、という基本を忘れてはなりません。

【参考文献】

永井幸寿『憲法に緊急事態条項は必要か』（岩波ブックレット）
日本弁護士連合会『シンポジウム大規模災害と法制度　記録集』＊
衆議院憲法審査会事務局『「緊急事態」に関する資料』（衆憲資第八七号）＊
水島朝穂編『世界の「有事法制」を診る』（法律文化社）
長谷部恭男・石田勇治『ナチスの「手口」と緊急事態条項』（集英社新書）
山内敏弘『安倍改憲論のねらいと問題点』（法律文化社）
清末愛砂ほか『緊急事態条項で暮らし・社会はどうなるか』（現代人文社）

＊インターネットでダウンロード可

【著者紹介】

右崎正博（うざき・まさひろ）＝第１章

獨協大学名誉教授

大江京子（おおえ・きょうこ）＝第２章

弁護士・東京東部法律事務所

改憲問題対策法律家６団体連絡会事務局長

永山茂樹（ながやま・しげき）＝第３章

東海大学教授

緊急事態と憲法——新型コロナウイルス緊急事態の体験を経て

2020年12月15日　初版　　定価はカバーに表示

右崎正博・大江京子・永山茂樹　共著

発行所　学習の友社

〒113-0034　東京都文京区湯島２-4-4

TEL03（5842）5641　FAX03（5842）5645

振替　00100-6-179157

印刷所　モリモト印刷

ＩＳＢＮ　978－4－7617－0724－8　Ｃ0036